I PANZER DI HITLER

I CARRI ARMATI TEDESCHI DALLE ORIGINI ALLA SECONDA GUERRA MONDIALE

JACOPO BARBARITO

Anno 2023

Jacopo Barbarito, giornalista e saggista, è appassionato di storia militare della Prima e Seconda guerra mondiale. Ha collaborato con diverse riviste del settore, tra cui Storia del Novecento, Milites, Volontari e redatto approfondimenti di carattere storico su varie riviste e quotidiani.

For a complete list of Soldiershop titles please contact Luca Cristini Editore on our website: www.soldiershop.com or www.cristinieditore.com. E-mail: info@soldiershop.com

Titolo: **I PANZER DI HITLER** Code.: SPS-097
Di Jacopo Barbarito. ISBN code: 9788893279512 prima edizione Marzo 2023
Lingua: Italiano - layout 177,8x254mm Cover & Art Design: Luca S. Cristini
Pubblicato da Luca Cristini Editore, via Orio, 33/D - 24050 Zanica (BG) ITALY.www.soldiershop.com

I PANZER DI HITLER

I carri armati tedeschi dalle origini alla Seconda guerra mondiale

INDICE

Introduzione

I veicoli corazzati su cingoli sono stati l'invenzione più rivoluzionaria dai tempi della polvere da sparo. Dalla fine del primo conflitto mondiale, infatti, hanno cambiato per sempre il modo di fare la guerra, riuscendo a sostituirsi alla cavalleria, il corpo che da secoli era stato considerato il più importante e decisivo per le sorti di un conflitto. Il carro armato è diventato il simbolo della guerra moderna, anche più dell'areoplano – altra arma nata e sviluppatasi enormemente nel Novecento – delle navi, dei sommergibili e finanche della bomba atomica. La capacità di abbinare mobilità, protezione, potenza di fuoco, trasporto di uomini e munizioni ha generato un cambiamento epocale che ha conosciuto un'evoluzione dalla rapidità sconvolgente nel ventennio tra le due guerre mondiali.

Eppure quella che potremmo definire la sua invenzione risale al 1485, quando Leonardo da Vinci realizzò un progetto per Ludovico il Moro, anticipato in una lettera già tre anni prima, con queste parole: "*Posso costruire, poi, carri coperti, sicuri e inattaccabili, i quali col fuoco dei propri cannoni potranno penetrare tra i nemici senza che questi, per quanto numerosi, possano attaccarli. Dietro il carro potranno seguire le fanterie, in gran numero, illese e senza incontrare ostacoli*". Malgrado questa strabiliante intuizione, il primo carro armato sarà realizzato solo dopo oltre quattro secoli.

Figura 1. Ricostruzione del carro coperto progettato nel 1485 da Leonardo

Comparsi poco più di un secolo fa sui campi di battaglia, i carri armato hanno rappresentato un'arma innovativa, che si supponeva in grado di ribaltare le sorti del conflitto più sanguinoso di sempre; anche se poi così non fu. Questi giganti di acciaio riuscivano a superare le trincee, proteggendo le truppe dal fuoco di cannoni e mitragliatrici, che fino ad allora avevano falcidiato ad ogni assalto migliaia di uomini lanciati contro le postazioni nemiche. Il carro armato era l'arma che offriva tutto ciò che un soldato in guerra avrebbe voluto: mobilità, protezione e potenza di fuoco.

Sin dal loro primo impiego, il 15 settembre 1916, i vantaggi legati all'uso di quest'arma furono subito evidenti, malgrado i limiti presentati dai primi esemplari impiegati. Quel giorno, infatti, l'offensiva scatenata dai britannici ricorrendo ai mezzi corazzati mise in fuga i soldati del Reich schierati a difesa delle trincee. Lo choc che subirono nel trovarsi di fronte questi mostri d'acciaio impenetrabili ai colpi delle mitragliatrici fu devastante. L'idea di utilizzare veicoli blindati e cingolati, sul modello delle macchine agricole prodotte negli Stati Uniti da fine Ottocento dalla Holt-Caterpillar di Benjamin Holt (che ebbe l'intuizione di installare una catena di trasmissione sui mezzi agricoli per consentire loro di affrontare al meglio e superare le asperità dei terreni sterrati o scoscesi) fu dell'ufficiale britannico Ernest Swindon, che sviluppò l'idea di usare i trattori "armati" di Holt come veicoli di combattimento, in grado di farsi strada sul terreno sconvolto da scoppi di granate, trincee e altre opere difensive. Inizialmente il suo tentativo fallì, ma poco dopo l'allora ufficiale di marina Winston Churchill – che credeva nelle potenzialità di questi mezzi – istituì un comitato speciale per il loro sviluppo, il *Landship Commitee.* Non senza rimostranze, la sua idea venne accolta, con l'obiettivo di realizzare mezzi corazzati in grado di superare le trincee tedesche, larghe due metri. Il primo prototipo *Little Willie* fu così il primo carro armato della storia: testato nel 1915, venne poi realizzato con i cingoli che ruotavano attorno a tutto il veicolo (poi rinominato *Big Willie*). Nacque così il Mark I, che venne poi impiegato in battaglia.

La Francia, tuttavia, fu il primo Paese a investire su larga scala su questa nuova arma, avviando una produzione massiccia di carri armati. Nel 1916, infatti, dopo una serie di test, il Renault FT fu il primo mezzo dell'esercito transalpino ad essere approvato, con un ordine di 3.500 esemplari per l'anno successivo. Un carro armato leggero, grande poco più di un'auto moderna, guidato da due uomini: un comandante, che sedeva sopra il guidatore e usava il piede per dargli istruzioni e segnali di guida. Una comunicazione interna semplice, in una struttura però ingegnosa e innovativa. Il Renault francese fu infatti il primo corazzato a prevedere una torretta, un elemento pionieristico, al punto da rappresentare un modello per tutto il futuro sviluppo dei carri. Dal 1916, inoltre, nacque il problema di trovare dei soldati in grado di guidare questi mezzi, in quanto pochissimi avevano esperienza con veicoli a motore, per non parlare delle competenze tecniche. Inizialmente si cercarono volontari, allettati da una paga migliore e maggiori licenze. Molti soldati scelsero tuttavia di buon grado di cimentarsi alla guida della nuova arma che sembrava destinata a far vincere la guerra. C'erano inoltre maggiori speranze di ricompense e opportunità di carriera. Come detto, il 15 settembre 1916 ci fu la prima offensiva della storia contro le linee tedesche nella battaglia della Somme. Se i difensori furono colti di sorpresa alla comparsa di questi nuovi mezzi, gli stessi carristi vissero momenti di forte difficoltà. Lo spazio all'interno dei carri era troppo angusto, il rumore del motore assordante, dopo mezz'ora la temperatura interna era elevatissima, anche perché il tubo di scarico diventava rovente. I mezzi, inoltre, non montavano ammortizzatori e il motore rilasciava monossido di carbonio, che intossicava l'equipaggio. I mezzi quindi dovevano fermarsi, molti soldati svenivano, bisognava aprire la torretta per far entrare l'aria; alla guida c'era una visuale molto ridotta. Inoltre il rumore era tale che bisognava urlare e spesso non bastava per comunicare. Quel giorno la linea del fronte non si mosse molto, ma si trattò comunque di un giorno memorabile per la storia del conflitto. L'impiego di giganti di metallo, di macchine al posto degli uomini nell'assalto, generò ripercussioni emotive fortissime tra i tedeschi e diede un'accelerazione formidabile all'uso di mezzi meccanici nel corso dei conflitti armati. Il comando supremo tedesco, inoltre, fu colto di sorpresa da questa innovazione: era la prima volta che uno dei belligeranti introduceva sul campo di battaglia una tecnologia di cui l'avversario non disponeva. Fu solo grazie ai mezzi catturati, abbandonati o distrutti che i tedeschi riuscirono a trarre importanti informazioni su questi nuovi veicoli e sulla tecnologia bellica avversaria. Da qui nacque l'idea di dotarsi di mezzi analoghi, in grado di avere caratteristiche utili a superare i limiti dei corazzati nemici. Nell'autunno del 1917 i tedeschi possedevano già un buon numero di mezzi nemici catturati, eppure non modificarono la propria linea di produzione già avviata nel novembre 1916 con l'A7V. Il primo ordine prevedeva la produzione di 38 carri armati, anche se poi ne furono realizzati solo 20, a causa della carenza delle materie prime necessarie. In Inghilterra, dal 1916, l'impiego dei carri armati fu presentato dai media e dalla propaganda come un'arma miracolosa in grado di risolvere il conflitto: furono avviate raccolte di fondi ed emissioni di titoli pubblici per finanziare il loro sviluppo e la loro produzione in massa. Erano presentati in tutte le città come un'arma in grado di salvare le vite dei soldati e accorciare la guerra, tanto da trasformare i carri armati in vere e proprie *star*, con tanto di balli dedicati, gadget, manifesti e campagne di propaganda. L'entusiasmo per i carri armati contagiò l'opinione pubblica inglese e francese, molto poco quella tedesca. Un paradosso, se si pensa a ciò che accadrà solo qualche anno dopo. Il valore attribuito dagli inglesi a questa nuova arma fu tale che l'Ufficio propaganda bellica inviò anche pittore Christopher Nevinson ad immortalare il nuovo mezzo in azione.

Figura 2. Il dipinto di Christopher Nevinson "A Tank" (1917)

Con la fine del conflitto e il conseguente trattato di pace di Versailles, Inghilterra e Francia decisero di rottamare buona parte dei propri carri armati, usando l'acciaio per scopi civili. Alla Germania, come noto, il trattato impediva di sviluppare nuove armi. E fu proprio in questo periodo che, al contrario, lo stato maggiore tedesco si concentrò sulle nuove tecnologie, proprio per colmare il gap con le due potenze occidentali. Versailles, come noto, ebbe un effetto inverso rispetto a quello sperato dai vincitori della grande guerra: i tedeschi si dedicarono sempre più ai propri armamenti e allo studio sulle loro applicazioni, proprio perché impossibilitati ad averne. Tanto da passare anni ad esercitarsi con vetture con lastre di latta e legno attaccate ai telai e a studiare testi e strategie per l'uso dei carri armati. Un filo rosso che lega la Repubblica di Weimar al Terzo Reich di Hitler, in anni in cui tutti gli Stati europei spendevano percentuali elevatissime del proprio Pil per la ricerca, gli armamenti e l'innovazione in campo militare. Ma mentre Francia e Inghilterra smantellavano i propri mezzi, i tedeschi provavano a stare al passo con gli strumenti bellici di movimento. E fu proprio in quegli anni che si consolidò l'idea che in un prossimo futuro i carri armati sarebbero stati così mobili e affidabili da essere in grado di coprire lunghe distanze sul campo di battaglia, muovendosi autonomamente. Così si iniziò a pensare di regolamentare il futuro uso di questi mezzi e furono avviate esercitazioni con una serie di vetture camuffate da carro armato per provare manovre di attacco laterale, addestrando battaglioni e reggimenti a sorprendere il nemico sui fianchi o fare movimenti rapidi contro l'avversario. Queste prove erano svolte per essere sicuri che tutti i soldati del Reichswehr fossero pronti a utilizzare i nuovi mezzi e difendersi da essi. La svolta si ebbe con l'avvento al potere di Hitler, che credeva fortemente nello sviluppo di questi mezzi, tanto da portare avanti la costruzione di queste armi senza più nascondersi sin dal 1935, violando apertamente le clausole del trattato di pace. Negli anni Trenta si decise che il carro armato sarebbe diventato l'arma centrale attorno a cui sviluppare la Wehrmacht. In quegli anni aziende come Daimler, Krupp, Man e Rheinmetall costruivano continuamente nuove armi, quali strumenti di natura privata che agivano su commissione dello Stato. Risale a quel periodo lo sviluppo del Panzer I e II, carri armati leggeri con torretta mobile, sul modello del Renault Ft francese. Nel 1937 iniziò poi la produzione su larga scala. Con l'avvento al potere del partito nazionalsocialista, nel 1933, si iniziò a pensare come realizzare in massa questi mezzi, nella maniera più veloce possibile; un po' come stava accadendo nella Russia di Stalin, che negli anni Trenta produsse più carri armati di tutti gli altri Paesi europei messi insieme. Ma furono solo le esigenze e le prove della guerra, a partire dall'esperienza sul campo in Spagna, maturata dal contingente tedesco e dai mezzi forniti ai franchisti, ad accelerare studi, produzioni e adattamenti sulla base dei contesti, dei luoghi, dell'evoluzione del nemico. Tanto da portare in breve tempo allo sviluppo sempre più evoluto di artiglieria semovente, cacciacarri e tante altre varianti. Ma sarà solo una piena consapevolezza sul loro uso e sulle loro potenzialità, soprattutto nell'interazione con le altre forze armate, prima tra tutte l'aviazione, a rendere possibili le conquiste che lasciarono stupefatti e atterriti allo scoppio della guerra, con l'impiego della concezione della "guerra lampo", la *Blitzkrieg*, messa in atto dall'1 settembre 1939.

Questo libro ripercorre la storia e lo sviluppo dei mezzi corazzati germanici dalle origini all'inizio della seconda guerra mondiale. La trattazione culminerà infatti con la descrizione della reale consistenza delle forze corazzate tedesche al momento dello scoppio della guerra, ben lontana da quella che avranno solo qualche anno dopo, in pieno conflitto mondiale. Le conversioni e le varianti dei mezzi trattati, che ebbero luogo anche dopo il 1939, saranno comunque trattate in questo volume al fine di ripercorrere interamente le parabole dei mezzi di cui si è seguita la nascita, insieme agli eventi bellici che li videro protagonisti. L'obiettivo è fornire uno strumento di facile comprensione e contestualizzazione su un periodo storico e un'evoluzione tecnologica e militare con pochi precedenti prima di allora, tanto per i neofiti del settore quanto per chi ha già una conoscenza sull'argomento e, al di là delle tante monografie che esistono su ognuno di questi mezzi, vuole averne una panoramica unitaria e un confronto sinottico coerente. Complementari alle notizie su ogni mezzo, vi sono fotografie, tabelle riassuntive, cenni storici e qualche curiosità, tenendo sempre ben presente lo sfondo di riferimento e la cronologia degli eventi.

Prefazione

I carri armati tedeschi, i famosi Panzer, furono i protagonisti assoluti della guerra lampo (Blitzkrieg) scatenata dalle forze armate del Terzo Reich nel 1939. Le immagini dei carri tedeschi che avanzavano in territorio polacco fecero il giro del mondo, attraverso la stampa e i cinegiornali dell'epoca, entusiasmando le masse e incutendo allo stesso tempo terrore. Il mondo scoprì all'improvviso che la guerra era cambiata, gli attacchi della fanteria e della cavalleria erano solo un lontano ricordo: il vero padrone del campo di battaglia era ora il carro armato. Ancora oggi i mostri di acciaio utilizzati dalla Wehrmacht e dalle Waffen SS sono oggetto di studio presso le accademie militari di tutto il mondo, sia da un punto di vista tattico-strategico che tecnologico, e soprattutto ancora oggi attirano l'attenzione di tutti gli appassionati di storia e modellismo, più di ogni altro tipo di arma o mezzo di qualsiasi nazione impegnata durante la Seconda guerra mondiale. Il loro design, il loro impiego, il loro armamento, sono una continua attrattiva e una fonte infinita di ricerca. Questo grande interesse si spiega con il successo che questi corazzati ebbero su tutti i campi di battaglia anche quando le sorti della guerra furono ormai segnate per le armi tedesche.

L'industria bellica tedesca, malgrado le restrizioni del trattato di Versailles, seppe creare dal nulla dei mezzi eccezionali, mezzi che caratterizzarono tutta la storia dei mezzi corazzati e ne influenzarono i successivi sviluppi fino ai giorni nostri. Una vera lotta contro il tempo, che dal 1935, data della denuncia del trattato e dell'inizio del riarmo della Germania, interessò tutto l'apparato industriale tedesco, trasformato all'occorrenza in una grande macchina bellica. Ingegneri, tecnici, meccanici, tutti protesi a creare nuovi mezzi che avrebbero permesso al Terzo Reich di conquistare il mondo intero. Ma i mezzi sarebbero stati nulla se non ci fossero stati uomini, come Heinz Guderian, che compresero a fondo le nuove regole della guerra moderna, fatta di movimento e di rapide offensive. I primi mezzi come il Panzerkampfwagen I e II sicuramente non eccellevano in potenza e corazzatura; tuttavia, impressionarono fortemente il nemico sul campo di battaglia. Al di là della qualità dei carri, la vera innovazione fu il loro impiego tattico. Mentre in tutti gli altri eserciti le formazioni corazzate vennero utilizzate esclusivamente come arma di appoggio per la fanteria, secondo le vecchie teorie risalenti alla Prima guerra mondiale, i tedeschi compresero che e formazioni corazzate dovevano agire in modo autonomo, sfondare le difese nemiche e permettere alla fanteria di penetrare liberamente nelle brecce aperte. Un altro fattore determinante fu l'utilizzo della radio di bordo, strumento indispensabile, che permise ad un solo carro di riuscire a comandare e manovrare tutti i mezzi di un'intera formazione corazzata. Ma torniamo ai carri: il parco macchine delle Panzer Division fu completato negli anni 1939-1940 con molti mezzi di preda bellica, soprattutto carri Skoda cecoslovacchi e carri francesi Renault, mentre con le versioni Panzerkampfwagen III e IV si riuscì finalmente ad ottenere buoni carri medi, sia come armamento che come corazzatura di protezione. Tutto questo finché non inizio la guerra all'est, il vero banco di prova delle formazioni corazzate tedesche. I carri russi misero a dura prova i carri tedeschi, essendo superiori ad essi in tutto. I russi però persero le prime battaglie corazzate per un errato utilizzo dei loro mezzi, impegnandoli in formazioni sparse lungo tutto il fronte e, soprattutto, privi di apparecchi radio. I progettisti tedeschi dovettero ritornare al lavoro per creare nuovi carri più potenti e nel frattempo migliorare quelli già esistenti. Solo con il Panther e i famosi Tiger il divario fu in parte colmato, ma a quel punto, la guerra era ormai in una fase calante, e a nulla valse il sacrificio e l'eroismo dei carristi tedeschi.

L'evoluzione tecnologica, la sperimentazione dell'industria continuò fino al termine della guerra, con nuove versioni di mezzi sperimentali, nuovi carri pesanti, tutto questo malgrado la consapevolezza della fine ormai vicina. Oltre ai nuovi carri veri e propri, vennero prodotti numerosi cacciacarri e cannoni d'assalto, macchine micidiali per l'appoggio alle formazioni di fanteria, ma anche a quelle corazzate, sia nella fase offensiva che difensiva. Anche in questo caso si trattò di mezzi eccezionali, che si comportarono egregiamente in tutte le situazioni al fronte. Fare la storia dei mezzi corazzati tedeschi significa in qualche modo raccontare la storia stessa della Seconda guerra mondiale, da un punto di vista tutto particolare, quello del campo di battaglia. I carristi furono sempre in prima linea, dal deserto dell'Africa settentrionale fino alla tundra artica, accompagnati dai loro mezzi che sì spesso si trasformarono in bare roventi.

Sono state scritte numerose opere sui mezzi corazzati tedeschi, il lavoro di Barbarito non intende e non pretende di colmare un vuoto nell'editoria militare mondiale, ma semmai completare organicamente quanto già pubblicato e mettere soprattutto un po' di ordine nella loro storia e nella loro evoluzione. Al di là delle caratteristiche tecniche e dei dati meramente numerici, si è cercato di focalizzare l'attenzione sull'evoluzione dei mezzi e le sue conseguenze in fase operativa, nel tentativo di calare il lettore direttamente sul campo di battaglia, mettendolo in contatto con le difficoltà, le astuzie, i sacrifici dei formidabili carristi tedeschi.

Massimiliano Afiero

Origini e sviluppo: i primi carri armati

Inizia l'avventura

I primi studi sullo sviluppo di mezzi corazzati risalgono al 1911, quando l'Oberleutnant austriaco Gunther Burstyn (1879-1945) propose un disegno per realizzare un *Motorgeschutz*, ossia un veicolo corazzato con cannone e torretta. Il progetto fu presentato nel 1912, ma il suo lavoro rimase su carta. Quattro anni più tardi iniziò lo sviluppo dei primi mezzi corazzati: prima il Marienwagen I e II, conosciuto anche come Bremer-Wagen, seguiti dal Duer-Wagen e infine dal Treffas-Wagen nel 1917. Nessuno di questi però raggiunse mai la fase di produzione o di impiego in combattimento. I tedeschi, su questo fronte, rimasero decisamente più indietro rispetto ai loro avversari per tutto il corso della guerra. Così, quando nella battaglia della Somme comparvero i primi Mark I britannici, l'effetto sui soldati del Kaiser fu devastante. I soldati furono letteralmente sconcertati dalla vista di quel mostro di acciaio che aveva la capacità di attraversare le trincee, era invulnerabile ai colpi di mitragliatrice e poteva aprire varchi in grado di facilitare l'avanzata della fanteria nemica. Inglesi e francesi svilupparono diversi tipi di carri leggeri, medi e pesanti durante il corso della guerra, mentre i tedeschi riuscirono a rispondere solo con il carro pesante A7V, di cui vennero prodotti 20 esemplari. Il resto delle forze corazzate della Germania imperiale era formato con prede belliche.

Nel corso della Prima guerra mondiale la Francia riuscì a produrre circa 3.600 Renault Ft-17, il carro più prodotto dell'intero conflitto, mentre gli inglesi circa 2.500 carri della serie Mark. Questi ultimi avevano i cannoni posizionati sui lati del mezzo anziché sulla torretta al di sopra dello scafo. Una scelta che caratterizzò lo sviluppo della maggior parte dei carri durante la Prima guerra mondiale. La serie dei carri Mark ebbe diverse varianti, prodotte su larga scala: 150 Mark I, 50 Mark II, 50 Mark III, 1.220 Mark IV, 400 Mark V, 645 Mark V*, 197 Mark V**, 124 Mark VIII e 34 Mark IX. I Mark IV, i più prodotti e utilizzati, avevano un equipaggio di otto uomini, pesavano 28 tonnellate i "maschi" (la variante con i cannoni) e 27 le "femmine". Avevano una protezione che variava tra i 6 e i 12 mm ed erano armati con sei cannoni QF e quattro mitragliatrici 303 Lewis i primi; nessun cannone e sei mitragliatrici i secondi. I carri francesi, invece, hanno costituito il modello per tutta la successiva produzione di carri armati a livello internazionale. Avevano l'armamento principale su una torretta interamente rotante, posizionata nella parte più alta del mezzo, il motore installato nella parte posteriore e lo scompartimento di guida in quella anteriore. Il carro prodotto dalla Renault fu ideato dalla coppia di progettisti Ernst e Metzmaier e prevedeva un uso da parte di due soli uomini, un peso di 6,5 tonnellate, velocità di 7 km/h, autonomia di 65 km, protezione di 22 mm, potenza del motore di 39 hp e armamento costituito da un cannone da 37 mm o una mitragliatrice da 7,92 mm.

A7V

Il nome A7V sta per Allegmeine-Kriegs-Department 7, Abteilung Verkehrswesen[1], fu dato dal capitano di riserva e ingegnere Joseph Vollmer al Dipartimento nato nel settembre 1916, dopo la comparsa dei primi carri armati inglesi nei campi di battaglia. Il 13 novembre dello stesso anno l'esercito tedesco decise di iniziare la produzione di carri armati e il progetto venne affidato proprio a Vollmer. L'obiettivo era realizzare un mezzo che potesse essere utilizzato in battaglia, così come per il trasporto di carichi e materiali. L'A7V era basato sul trattore Holt e montava due motori da 100 hp (74 kW) della Daimler montati centralmente e raffreddati ad acqua; ogni motore azionava i cingoli di un lato, attraverso una trasmissione comune. Il serbatoio conteneva 500 litri di carburante; vi era poi una cupola per il comandante. Il carro avrebbe dovuto essere in grado di superare trincee larghe 1,5 metri: il primo prototipo venne ultimato e testato dalla Daimler-Benz nell'aprile 1917 e, dopo alcune modifiche, la versione finale fu pronta il mese successivo. A settembre iniziò la pre-produzione e il primo esemplare venne realizzato l'1 ottobre nello stabilimento di Marienfelde. Ogni carro ricevette un soprannome derivato dalla mitologia nordica e vennero raggruppati in tre battaglioni: I, II e III *Abteilung*.

[1] Dipartimento Generale di Guerra 7, Sezione Trasporti

Figura 3. A7V in fase di costruzione

Fu proprio l'ultimo a ricevere il battesimo del fuoco contro i carri britannici il 21 marzo 1918 a St. Quentin, sostenendo poi un nuovo scontro il 24 aprile nei pressi di Villes-Bretonneaux/Cachy. Il primo ordine fu di 100 carri, da ultimare entro la primavera successiva, ma nel dicembre del 1917 ne furono prodotti solo 20. Priorità fu data ad altri progetti, anche perché le materie prime necessarie per questi giganti iniziavano a scarseggiare. L'A7V mostrò da subito una scarsa stabilità, difficoltà nel superamento degli ostacoli e capacità ridotte nell'attraversamento delle trincee, visto anche il posizionamento dei cingoli. Criticità che, abbinate alla velocità ridotta, ne facevano un facile bersaglio per l'artiglieria nemica. I carri non erano prodotti in serie, ma in maniera quasi artigianale, con diversi pezzi realizzati appositamente per ogni mezzo. Il "maschio" montava un cannone, la "femmina"[2] due mitragliatrici in più. L'equipaggio era composto da 18 uomini ma la protezione offerta era insufficiente, dal momento che variava dai 30 mm della parte frontale ai 20 mm di quella laterale, ai 15 mm della cupola e ai soli 7,5 mm di quella posteriore. All'interno vi trovavano posto un guidatore, due meccanici del Genio, sei fanti addetti alle mitragliere e altrettanti alle munizioni, un artigliere per il cannone, un caricatore e un comandante. Le condizioni di movimento dell'equipaggio erano critiche: 18 uomini in uno spazio

[2] Si ha notizia di un solo carro "femmina" impiegato in battaglia

lungo sette metri, largo tre e alto 1,5 in cui erano immagazzinate anche munizioni, pezzi di ricambio, viveri e maschere antigas. Il rumore prodotto dal motore era assordante e per le comunicazioni si ricorreva anche a segnali luminosi (nel caso degli addetti al cannone). Il comandante dava istruzioni di guida giovandosi solo di piccole feritoie che ne limitavano la visuale a circa 10 metri. I soldati erano sempre costretti a tenere l'elmetto, sia per la vulnerabilità del carro, sia per la possibilità di essere colpiti dalla bullonatura, qualora il mezzo fosse stato centrato da colpi ben assestati da parte del nemico. Persino le armi della fanteria erano caricate a bordo, così da armare i soldati in caso di evacuazione del mezzo. La temperatura interna, a causa di queste concomitanze, poteva raggiungere anche i 60 gradi e quindi appare chiaro come le condizioni proibitive vissute dagli equipaggi fossero la prima limitazione all'uso dei carri.

Figura 4. Mitragliatrice Maxim 08/15

Negli A7V "femmina", inoltre, l'equipaggio saliva a 22 uomini. I mezzi montavano cannoni da 57 mm – o il Sokol russo o il Maxim Nordenfeld belga L/26 – in aggiunta alle sei mitragliatrici pesanti 08/15 da 7,92 mm. Alcuni membri dell'equipaggio potevano usare anche altre armi sparando dai lati del carro. La mitragliatrice Maxim, o MG 08 (*Maschinengewehr 08*) fu la mitragliatrice più usata dall'esercito tedesco durante la Prima guerra mondiale e venne ritirata dal servizio soltanto nel 1942, a guerra inoltrata, per la scarsità di MG34, suo designato successore. Vennero prodotti anche 47 A7V disarmati per il trasporto: Uberlandwagen e Gelandewagen, alcuni dei quali dotati anche di un meccanismo che li rendeva simili a una ruspa. Alla fine della guerra la Germania ne cedette cinque alla Polonia, nell'ambito delle riparazioni di guerra. I mezzi prestarono servizio nell'esercito polacco dal 1919 al 1922 durante la guerra russo-polacca.

Impiego bellico

I tre *Abteilungen* corazzati dell'esercito tedesco erano costituiti da cinque carri, tre camion, otto vetture blindate e comprendevano sette ufficiali, 42 sottufficiali e 129 uomini di truppa. Il 21 marzo 1918 il III battaglione venne impiegato a nord del canale di St Quentin per contrastare un tentativo di sfondamento da parte inglese. Quel giorno ci furono solo sporadici combattimenti a cui presero parte il carro 506, altre tre A7V e cinque carri inglesi catturati, tutti a supporto dello *Stosstruppen* (truppe d'assalto).

Figura 5. A7V con parte dell'equipaggio

In quell'occasione parteciparono allo scontro 14 A7V divisi in tre gruppi: un carro "femmina" inglese si disimpegno dallo scontro per allontanarsi dalla gittata dei carri nemici, non potendo danneggiarli con le sole mitragliatrici. Il "maschio" però attaccò i carri tedeschi con tutti i sei cannoni, che sparavano colpi da 2,7 kg. Un carro tedesco venne colpito in pieno, causando la morte di cinque membri dell'equipaggio. I superstiti uscirono fuori dal rottame e fuggirono, incalzati dalle mitragliere nemiche. I carri "femmina" riuscirono poi a immobilizzare parte della fanteria germanica. Al sopraggiungere di altri Mark A la situazione si fece disperata per i carri tedeschi, i loro equipaggi inesperti e la fanteria al seguito. Fu colpito un altro A7V e i due restanti furono costretti a ritirarsi. Il fuoco tedesco causò solo la rottura di un cingolo di carro inglese, in seguito abbandonato, anche se questo piccolo successo avvenne grazie a un colpo di mortaio della fanteria. Andò meglio al gruppo di cui faceva parte il *Mephisto*, che non subì danni, avanzò fino a Monument Wood per poi rimanere immobilizzato in un cratere ed essere abbandonato dall'equipaggio.

Figura 6. L'A7V "Wotan"

Questa prima esperienza di guerra tra carri aveva evidenziato carenze nell'armamento e nei meccanismi interni, oltre a una preoccupante attitudine al ribaltamento laterale anche in caso di colpi esplosi nelle immediate vicinanze. Visto l'esito di questo primo combattimento, decisamente negativo, i tedeschi ritirarono i mezzi dal fronte per utilizzarli solo in azioni sporadiche e nell'ottobre 1918, quando la situazione era ormai disperata. Alla fine tre A7V caddero in mano nemica durante i combattimenti: uno fu ritenuto inservibile, uno lo presero i francesi e fu usato come mezzo di addestramento, mentre il *Mephisto* fu preso dagli australiani del 26° Battaglione AIF; i restanti furono demoliti a fine guerra.

Elenco degli A7V prodotti (con numero di telaio)	
501 Gretchen	Distrutto nel 1919 (femmina)
502	Distrutto dai tedeschi nell'ottobre 1918
503	Distrutto dai tedeschi nell'ottobre 1918
504 Schnuck	Perso presso Fremicourt il 31 agosto 1918 (femmina)
505 Baden I	Distrutto dagli anglo-francesi nel 1919
506 Mephisto	Perso presso Villers-Bretonneaux il 24 aprile 1918 e recuperato dagli australiani
507 Cyklop	Distrutto dagli anglo-francesi nel 1919
525 Siegfried	Distrutto dagli anglo-francesi nel 1919
526	Distrutto dai tedeschi l'1 giugno 1918
527 Lotti	Perso presso Pompelle Fort l'1 giugno 1918
528 Hagen	Perso presso Fremicourt il 31 agosto 1918
529 Nixe 2	Perso presso Reims il 31 maggio 1918, recuperato dagli americani e distrutto ad Aberdeen nel 1942
540 Heiland	Distrutto dagli anglo-francesi nel 1919
541	Distrutto dagli anglo-francesi nel 1919
542 Elfriede	Perso presso Villers Bretonneaux il 24 aprile 1918
543 Hagen	Distrutti dagli anglo-francesi nel 1919
560 Alter Fritz	Perso presso Iwuy l'11 ottobre 1918
561 Nixe	Distrutto dai tedeschi il 24 aprile 1918
562 Herkules	Distrutto dai tedeschi dopo il 31 agosto 1918
563 Wotan	Distrutto dagli anglo-francesi nel 1919
564	Distrutto dagli anglo-francesi nel 1919

A7V/U

L'A7V/U fu disegnato da Vollmer dotando il tradizionale A7V di scompartimenti laterali sporgenti con un cannone rotante per lato, con i cingoli che correvano esternamente a tutto tondo, sul modello inglese. L'aggiunta della "U" stava proprio ad indicare questa diversa posizione dei cingoli e sintetizzava *Umlaufende Ketten*. L'armamento consisteva in due Maxim Nordelfedl da 57 mm o due Sokol dello stesso calibro o da due cannoni da 77 mm tedeschi montati su entrambi i lati nelle apposite sporgenze. C'erano poi quattro o sei mitragliatrici Maxim da 7,92 mm. La sospensione era la stessa dell'A7V, quindi basata sul trattore Holt, ed era lunga 8,5 metri. La velocità massima era di 12,5 km/h realizzata attraverso due motori Daimler da 210 hp ciascuno. La protezione venne aumentata da 20 a 30 mm e pesava 39,6 tonnellate e prevedeva un equipaggio di sette uomini. Cresceva così la somiglianza con i carri britannici, anche se questo era più largo. Nel settembre 1918 ne furono ordinati 20, ma la Daimler-Benz realizzò solo un prototipo, poi scartato dai vertici dell'esercito.

Figura 7. L'A7V/U

Il motore, infatti, presentava diversi problemi, il carro era estremamente instabile su terreni non uniformi, i cingoli si indurivano per i residui di terra su piani viabili che non fossero asfaltati e corpi di ogni genere si infilavano tra le placche dei cingoli. Si tornò così a lavorare su questo modello, teorizzando la realizzazione delle versioni U2 e U3: il primo avrebbe dovuto presentare scomparti laterali più piccoli e il cannone solo sulla torretta, mentre il secondo sarebbe stato armato solo di mitragliatrici. Entrambi rimasero solo su carta.

Modello	**A7V**	**A7V/U**
Peso	32,51 tonnellate	39,6 tonnellate
Equipaggio	18 uomini	7 uomini
Motore	2 x Daimler 165204 / 4 cilindri / 100 hp	2 x Daimler 165204 / 4 cilindri / 210 hp
Velocità	Strada: 9-15 km/h Fuori strada: 4-8 km/h	Strada: 12,5 km/h Fuori strada: 4-8 km/h
Autonomia	Strada: 60-80 km Fuori strada: 30-35 km	Strada: 60 km Fuori strada: 30 km
Capienza serbatoio	2 x 250 litri	2 x 250 litri
Lunghezza	7,35 – 8 metri	8,38 – 8,5 metri
Larghezza	3,1 - 3,2 metri	4,69 metri
Altezza	3,4 - 3,5 metri	3,14 metri
Armamento	Cannone Maxim Nordenfeld da 57 mm + 6 x 7,92 mm Maxim 08/15 oppure cannone L/26 Sokol da 57 mm + 6 Maxim 07/15	Cannone Maxim Nordenfeld da 57 mm oppure cannone L/26 Sokol da 57 mm oppure cannone da 77 mm + 6 mitragliatrici Maxim 08/15
Munizioni	Cannone: 500 colpi Mitragliatrici: 36.000 colpi	Cannone: Mitragliatrici:
Protezione	Frontale: 30 mm Laterale: 20 mm Superiore: 15 mm Altro: 20 mm	Frontale: 30 mm Laterale: 20 mm Altro: 20 mm

K-Wagen (Kolossal Wagen)

Vollmer iniziò a pensare anche ad un carro pesante d'assalto, tanto che insieme al capitano Wegner realizzarono il K-Wagen, commissionato alla Riebekullagerwerke di Berlino nel dicembre 1917. Secondo le previsioni, sarebbe dovuto entrare in servizio nel 1919. Fu disegnato in modo tale da poter essere smontato in quattro parti per il trasporto su rotaia. Il telaio prevedeva sempre le sporgenze laterali e lo spessore della corazza variava dai 10 ai 30 mm e pesava 148 tonnellate. Il veicolo doveva essere lungo 12,7 metri, largo tre (sei in totale, considerando le sporgenze) e alto tre metri. Per l'epoca sarebbe stato un vero e proprio mostro d'acciaio, che si pensava indistruttibile e non ribaltabile lateralmente. Avrebbe montato cannoni, mitragliatrici e anche lanciafiamme. Ma appena iniziò la produzione nacquero i primi problemi: il motore previsto da 400 hp era troppo debole, serviva un equipaggio di più di 18 uomini e aveva dei costi enormi in fatto di materie prime. Per ovviare a questi inconvenienti si pensò di utilizzare cingoli a rotella e due motori da 650 hp ciascuno, con trasmissione ad innesto elettromagnetico. In questo modo avrebbe potuto raggiungere i 7,5 km/h su strada, ma solo 2 km/h su terreni non asfaltati, montando quattro cannoni da 77 mm (con 800 colpi ciascuno a bordo) e due mitragliatrici per ogni scomparto laterale. Per le comunicazioni si installarono apparecchiature degli U-Boot modificate; sarebbero serviti 22 uomini per la sua piena funzionalità

Figura 8. Prototipo di K-Wagen

L'autonomia era di soli 25 km. La sua produzione fu rinviata più volte, tanto che nel novembre 1918 ce n'erano solo due in costruzione presso la Riebe-Kugellager di

Berlino. Entrambi vennero poi smantellati dalla commissione di controllo alleata, malgrado fossero già quasi pronti per essere testati.

LK. I

Vollmer ideò anche l'LK. I (*Leichte Kampfwagen I*), mutuato dal carro medio britannico Mark A Whippet. Era basato sul telaio di una vettura blindata della Daimler, montando gli stessi assi e ruote dentate. Il disegno ricalcava in buona parte il modello di un'auto, con il motore installato nella parte anteriore e lo scompartimento per l'equipaggio nella parte posteriore. Fu il primo carro tedesco ad essere montato con la torretta e armato unicamente con le mitragliatrici Maxim 08/15 da 7,92 mm. La protezione variava dagli 8 ai 14 mm e pesava 6,89 tonnellate. Era lungo 5,08 metri, largo 1,95 e alto 2,52 metri. Montava un motore Otto Model del 1910 della Daimler-Benz a 4 cilindri, funzionante a gasolio. Il motore poteva sviluppare una potenza massima di 60 hp, che consentiva una velocità di 14 km/h con un'autonomia di 70 km. Il serbatoio aveva una capienza di 140 litri e poteva essere guidato da tre uomini. Ne furono ordinati 800 ma nel giugno 1918 ne erano stati prodotti solo alcuni prototipi.

LK. II

L'LK. II fu un successivo sviluppo dell'LK. I, di cui aveva la stessa impostazione, anche se la torretta era montata su una sovrastruttura - detta "barbette" - con un cannone da 37 mm della Krupp o un Sokol russo da 57 mm. La protezione rimase inalterata ma il peso salì a 8,75 tonnellate. Autonomia e potenza dei motori rimasero inalterate ma la velocità crebbe fino a raggiungere i 18 km/h. Si progettò anche una versione senza cannone, con due mitragliatrici. Nel giugno 1918 se ne produssero due prototipi, a cui seguì un ordine di 580 esemplari, anche questo mai portato a termine. A fine guerra i vertici dell'esercito riuscirono a nascondere alla commissione di controllo alleata i piani di sviluppo di questo carro. Il governo svedese acquistò in segreto 10 di questi mezzi per 100 mila corone, mascherandone l'acquisto come materiale per l'agricoltura. I carri vennero poi assemblati in Svezia e chiamati Stridsvagn m/21 e armati con una sola mitragliatrice da 6,5 mm. Nel 1929 il progetto fu rivisto e si creò lo Strv m/21-29, armato con un cannone da 37 mm o due mitragliatrici e azionato da un motore Scania-Vabis. Uno di questi carri fu provato da Heinz Guderian durante il suo soggiorno in Svezia nel 1929. Lo Strv m/21 rimase in servizio fino al 1938 e oggi uno di questi esemplari è esposto al Panzermuseum di Munster. Poco tempo dopo i tedeschi acquistarono un'importante percentuale della

Landsverk Company e vi posero Vollmer come principale disegnatore e progettista e, nel 1931, ultimarono la creazione dello Strv m/31 (o L/10), primo carro prodotto interamente in Svezia.

Figura 9. LK. II

LK. III

Questo carro doveva essere una versione ridisegnata del precedente, con la torretta montata nella parte anteriore e il motore in questa posteriore. L'armamento principale avrebbe dovuto essere un cannone Sokol da 57 mm o un Becker Flieger Kanone da 20 mm, di produzione germanica. Ne furono ordinati 1000 ma neanche un prototipo vide la luce nel novembre 1918; erano previsti in dotazione per le divisioni di cavalleria.

Kraftprotze

Il Kraftprotze fu il primo carro disegnato dalla Krupp: si trattava di un carro leggero che avrebbe dovuto garantire una sufficiente copertura alla fanteria, a cui avrebbe dovuto aprire la strada ed essere di supporto in battaglia. Era armato di una sola mitragliatrice, con un equipaggio di due uomini; il progetto non fu però mai realizzato.

Sturmpanzerwagen Oberschlesien

Disegnato dalla Oberschlesien Eisenwerk (Oberschlesien-Eisen-Industrie di Gleiwitz), prevedeva una torretta centrale armata con un cannone da 37 o 57 mm e due piccole torrette, ognuna delle quali con una mitragliatrice, una frontale e una posteriore. Si trattò di un disegno innovativo, che ricorderà quello dei futuri Panzer. Potremmo dire che fu il primo "carro medio" della Germania. Si pensò, infatti, che i cingoli non dovessero avere una disposizione romboidale, ma dovevano correre in parte coperti dal telaio, ad un'altezza massima di metà del carro. Il cannone poi era previsto nella parte più alta del mezzo; una caratteristica che non sarà più abbandonata fino ai giorni nostri. Il carro pesava 19 tonnellate e montava un motore da 195 hp, che gli consentiva di raggiungere i 19 km/h. La protezione massima raggiungeva i 14 mm e poteva ospitare un equipaggio di cinque uomini. Il carro, quindi, era più veloce ma meno sicuro. Ne vennero ordinati due prototipi, di cui solo uno venne parzialmente ultimato a fine guerra. Anche la Daimler-Benz realizzò un carro molto simile, armato però di una sola mitragliatrice: il Daimler Sturmwagen. Non ne fu realizzato neanche un prototipo.

Beutepanzerwagen IV / V / Mark A / Ft-17

Tra la fine del 1916 e il 1918 i tedeschi riuscirono a catturare circa 100 carri inglesi: dopo averli studiati e riparati nei pressi di Charleroi, furono riarmati con cannoni da 57 mm Sokol o Maxim Nordenfeld al posto dei sei cannoni inglesi (nei carri "maschi") e da mitragliatrici Maxim 08/15 (in quelli "femmina"). Furono poi formati quattro battaglioni di carri nel luglio 1918, gli *Sturmpanzerwagenabteilungen* (detti anche Beute). In questi reparti trovarono posto diversi Mark IV e V, Mark A Whippet e Renault Ft-17 francesi, catturati nel corso dell'ultima offensiva del novembre 1917. Furono così creati l'11°, il 12° e il 13° battaglione, al comando – rispettivamente – dei capitani Koch, Von Frankenberg e dell'Oberleutanant Wilhelm. Il 14° rimarrà di riserva, mentre il 16° sarà creato nell'ottobre 1918 sotto il comando del capitano Negenborn. I *Beute Abteilungen* contavano meno effettivi di quelli composti solo da carri tedeschi, a causa della differenza di numero nei membri dell'equipaggio tra gli A7V e i Mark IV: vi erano così sette ufficiali, 36 sottufficiali e 99 uomini di truppa.

Figura 10. Un Mark IV catturato

Un primo bilancio

In Germania si decise di non puntare sui mezzi corazzati finché la loro effettiva utilità sui campi di battaglia non si manifestò chiaramente per le scelte fatte dagli anglo-francesi. I soldati del Kaiser provarono sulla propria pelle cose volesse dire avere di fronte una "fortezza mobile" di metallo. Questa tardiva presa di coscienza dell'utilità di questi mezzi fece sì che la Germania si sia trovata sempre un passo indietro rispetto ai suoi nemici, sia nei progetti che a livello tecnologico. In questo quadro, i venti A7V prodotti non potevano risultare decisivi nell'ottica del conflitto e la Germania non poté mai contare su un'effettiva forza corazzata. Se si fosse sfruttata a dovere l'intuizione di Burstyn nel 1911, le cose sarebbero probabilmente andate diversamente. Passato il primo momento di impasse, i tedeschi misero subito a frutto la loro inventiva e capacità, riuscendo a produrre un carro discreto come armamento e potenza di fuoco, ma eccessivamente lento, facile bersaglio dell'artiglieria nemica. L'adozione di un cannone da 57 mm si rivelò un'intuizione felice, vista la discreta gittata e la buona potenza, che corrispondeva a un odierno cannone da 20 mm. Tuttavia la Germania era ancora troppo dipendente dalle fabbriche di armi straniere, come dimostra l'adozione dei Sokol o delle Maxim belghe. Ogni nuovo progetto portava con sé diverse migliorie, frutto delle osservazioni delle prestazioni e delle potenzialità dei nuovi mezzi sui campi di battaglia ad ovest.

Con l'A7V si era proposto un nuovo modo di concepire i cingoli, mutuato dal modello inglese, tuttavia i difetti erano ancora notevoli. In questo quadro di progresso, seppur non uniforme nei vari aspetti, i tentativi dell'A7V/U2 e A7V/U3 non furono significativi. Con il K-Wagen ci fu un passo in avanti, che però non fu possibile testare: l'idea di una fortezza mobile di quelle dimensioni avrebbe avuto sicuramente effetti devastanti e, in qualche modo, meno di trent'anni dopo sarebbe stata ripercorsa con il *Maus*. Allora però si contava eccessivamente sulle dimensioni e sull'armamento: sicuramente due cannoni e diverse mitragliatrici rendevano questo colosso un'opera impressionante e una protezione così importante era del tutto innovativa per l'epoca. La scarsa velocità e l'alto numero dei componenti dell'equipaggio minavano però questi pregi. La perdita di uno di questi carri, sia a livello economico che umano, avrebbe avuto costi elevatissimi in rapporto ai vantaggi conseguiti. Oltretutto la sua mole lo rendeva un bersaglio facile per i colpi di mortaio. Sarebbe stato inoltre necessario un massiccio fuoco di artiglieria in previsione di un attacco con questi mezzi, i cui successi dipendevano molto dalla capacità della fanteria di capitalizzare la loro azione sul campo. Era infatti facile per il nemico isolarli, per quanto questo fu un gap tecnico comune a tutte le parti in guerra.

Riguardo ai progetti successivi, va detto che furono utili a porre le basi per una prima differenziazione delle funzioni dei carri armati, con la serie degli LK, ideati per le divisioni di cavalleria – quindi veloci – in parziale sostituzione delle truppe ippotrainate. Nacque poi anche una certa competizione tra le fabbriche militari tedesche, che avrebbe caratterizzato anche gli anni a venire. Tutto ciò fece sì che non vi fu mai il monopolio di un singolo gruppo industriale e che i migliori cervelli fossero continuamente all'opera per produrre progetti e soluzioni sempre al passo coi tempi. Naturalmente questo non sarebbe stato possibile senza un adeguato finanziamento per la ricerca, ma i frutti si vedranno già solo qualche anno dopo. In questi ultimi progetti vediamo una maggiore concentrazione sul problema della velocità e della mobilità, che portò ad esperimenti che privilegiarono la potenza del motore o sacrificarono la protezione dell'equipaggio e, di conseguenza, dell'intero veicolo. Importante in questo momento, la creazione del profilo del carro d'assalto della Oberschlesien Eisenwerk – con il cannone sulla torretta, sul punto più alto del mezzo – che sarà poi mantenuto per tutti gli sviluppi futuri (visti anche i successi dei carri francesi). Il gap patito dalla Germania in questi anni sarà però rapidamente colmato negli anni Venti e, soprattutto, nel decennio successivo.

Tra le due guerre: progetti e prototipi

La cooperazione con la Russia e la Svezia

Tra il 1926 e il 1932 la Reichswehr ordinò a MAN, Rheinmetall-Borsig, Krupp e Daimler-Benz di costruire dei prototipi di carri leggeri da 10-12 tonnellate e carri medi di circa 23 tonnellate mascherando l'intero progetto e facendo risultare la produzione di questi mezzi come esperimenti per l'agricoltura. I prototipi vennero testati alla *Panzertruppenschule* di Kama, poco lontano da Kazan, in Russia, sotto stretto segreto militare. Kama era il nome in codice formato dalle sillabe iniziali delle parole Kazan e Malbrandt, che era l'Oberleutnant che sceglieva i luoghi per le prove dei carri e dell'artiglieria. In questa località avvenivano sia i test della Reichswehr che dell'Armata Rossa e vi era una discreta collaborazione tecnica e militare. La cooperazione di questo periodo generò i suoi frutti: il primo passo avvenne col trattato di Rapallo del 1922, a cui seguì due anni più tardi quello tra Germania e Russia. Tutto ciò consentì ai tedeschi di realizzare e testare mezzi corazzati in Russia e Svezia, sotto la copertura della costruzione di mezzi agricoli. Tutti i progetti di questo periodo sono tuttavia diretta conseguenza dell'esperienza della guerra e dei modelli progettati negli anni del primo conflitto mondiale. Nel 1927 furono disegnati due cannoni automatici installati su trattori interamente cingolati. Il primo era un WD Schlepper 25 PS da 37 mm, ossia un trattore WD da 25 hp di potenza, leggermente corazzato, che montava un cannone PaK L/45 da 37 mm. Il secondo era un WD Schlepper 50 PS da 77 mm: un trattore Hanomag da 50 hp con un cannone di calibro maggiore; entrambi entrarono ufficialmente in servizio nell'esercito tedesco nel 1927. Tra il 1926 e il 1929 da Kama uscirono 146 ufficiali che avevano terminato il periodo di addestramento; il più famoso di questi cadetti fu Paul Ludwig Ewald Von Kleist, futuro Fedlmaresciallo del Reich. In Germania il responsabile per l'addestramento era il generale Lutz e in Russia l'NKVD Kommissar Unschlicht. Tutti i prototipi di "trattore" usciti dalle industrie della Repubblica di Weimar sono stati testati a Kama. L'addestramento avveniva sotto il controllo dell'NKVD, ossia il Ministero della Sicurezza Statale; anche i piloti dell'aviazione si addestravano in Russia, come avveniva anche per altri esperti nei vari settori militari. Nel 1939, addirittura, la Russia acquistò diversi progetti di carri tedeschi e li testò per conto proprio. I russi giunsero però alla conclusione che erano difficilmente realizzabili e ancor meno efficaci.

Guderian e Von Vallard-Bockelberg: primi passi verso il futuro

Nel 1922 l'allora capitano Heinz Guderian era uno specialista nelle comunicazioni e venne promosso all'Ispettorato per il trasporto truppe. In questo periodo iniziò ad interessarsi di tattiche belliche in cui poter impiegare i mezzi corazzati. Furono soprattutto gli articoli dei britannici Fuller, Martel e Liddell Hart ad attirare la sua attenzione: iniziò così a scrivere anche lui di questi mezzi e molti tecnici del settore già iniziavano a chiedersi quali sarebbero stati i risultati di una guerra come lui la stava progettando. Nel 1929 ebbe modo di guidare uno Strv. m/21 durante una visita in Svezia e due anni dopo fu promosso al vertice dell'Ispettorato per le truppe motorizzate. La svolta per la sua carriera si ebbe dopo l'incontro con Adolf Hitler: inizialmente le alte gerarchie dell'esercito nutrivano diversi dubbi sulle sue teorie, ma quando Hitler sentì parlare di questo ufficiale e ne ascoltò i progetti, ne rimase affascinato. "Questo è ciò che mi serve! E questo ci appresteremo ad avere", commentò il Fuhrer. Il 20 novembre 1938 Guderian venne promosso *General der Panzertruppen* e nominato al vertice del trasporto motorizzato.

Figura 11. Heinz Guderian con i gradi da generale

La sua esperienza precedente nel settore delle comunicazioni fu decisiva: il generale si batté affinché ogni carro fosse dotato di apparecchiature radio e che si costruissero speciali veicoli di comando adatti a questo scopo. Riuscì anche ad ottenere una sinergia ottimale con la Luftwaffe: i carri dovevano poter richiedere supporto aereo e le azioni delle due armi dovevano essere coordinate. Dalle teorie esposte nel suo libro "*Achtung Panzer!*" si evinsero i criteri basilari della Blitzkrieg, già teorizzata da Hans von Seeckt. Si trattava di uno stile di combattimento veloce e aperto, che si fondava sull'uso delle ultime tecnologie. Nella prima fase l'aviazione era usata come artiglieria a lungo raggio, per distruggere i capisaldi nemici, attaccare le concentrazioni di truppe e seminare il panico. Successivamente le forze combinate di carri armati e fanteria motorizzata, coordinate via radio, distruggevano gli obiettivi tattici prima di muoversi in profondità nel territorio nemico. Una differenza fondamentale con i precedenti modelli tattici era la devoluzione del comando. Sul campo i giovani ufficiali erano incoraggiati a usare la propria iniziativa, come era già in parte avvenuto durante la Prima guerra mondiale. Non vi era quindi unicamente una struttura di comanda centralizzata. La strategia venne messa a punto come reazione alla staticità della guerra di trincea e divenne realizzabile grazie alla crescente affidabilità dei mezzi motorizzati e delle radio da campo, che permettevano rapidità e coordinamento degli attacchi. Si comprese come la guerra di posizione fosse ormai un concetto datato, superato dalla possibilità di concentrare forze in un'area ristretta e dotandole di una grande forza propulsiva. La chiave della Blitzkrieg era l'organizzazione delle truppe in forze mobili con eccellenti comunicazioni e catena di comando, in grado di tenere unite varie unità militari mentre venivano impiegate in battaglia. Il concetto di fondo era quello di concentrare le forze disponibili in un singolo punto di fronte alle linee nemiche, crearsi un varco con artiglieria e fanteria e, quando fosse stato aperto, lanciarvi i carri armati coprendo così diversi chilometri nelle retrovie. Questo permetteva alla forza attaccante di combattere contro unità logistiche dotate di armamento leggero, tagliando fuori le forze nemiche sul fronte, accerchiandole. Così, anche una piccola forza poteva distruggerne una molto più grande, traendo vantaggio dalla confusione creata ed evitando il più possibile lo scontro diretto. Poco prima di Guderian, vi furono teorie che sviluppavano il concetto di *Vernichtungsdedanke,* ossia l'aggiramento nemico, previa simulazione di un attacco frontale. Questa strategia era più distruttiva per l'avversario, in quanto puntava ad un suo totale annientamento, ma era anche più difficile da realizzare. La vecchia concezione della guerra stava così mutando, seppur tra molte incertezze. Il concetto di Blitzkrieg sarà tuttavia messo in pratica qualche anno dopo da Guderian, trovando conferma delle sue teorie e facendo la fortuna del generale.

Altro personaggio cruciale di questa fase fu il *Generalleutnant* von Vollard Bockelberg. Nel 1926 venne messo a capo dell'Ispettorato per il trasporto delle truppe e l'anno successivo promosse l'avvio dell'addestramento secondo le più moderne teorie di guerra motorizzata e di movimento. Le idee di base di queste operazioni le estrapolò dal manuale dell'esercito inglese *Provisional Instructions for Armored Vehicles 1927.* Iniziarono così le esercitazioni con sagome di carri armati montati su auto sia per il personale della Panzertruppe che per quello di altri settori dell'esercito che avrebbero dovuto sapere combattere di fronte a carri armati nemici. Dal 1929 al 1933 fece parte del Dipartimento di ordinanza e da quella posizione fu uno degli ufficiali che diedro la spinta decisiva per l'accelerazione della meccanizzazione dell'esercito. La I^ unità motociclisti e la I^ unità di ricognizione meccanizzata furono sue creazioni; contribuì anche alla progettazione dei Panzer I e II.

Leichte Traktor Versuchkonstruktion (VK) 31

L'effettivo sviluppo dei carri leggeri avvenne a partire dal maggio 1928 e nell'ottobre dello stesso anno alla Krupp e alla Rheinmetall-Borsig venne ordinato di presentare i loro modelli. I veicoli avrebbero dovuto essere basati su un telaio da poter utilizzare sia come trattore che come base per un cannone automatico da 37 mm (anticipando così la concezione dell'artiglieria semovente) che come mezzo corazzato da supporto e trasporto carichi. Le due industrie cooperarono e si concentrarono sulla realizzazione di tre prototipi. La Krupp ne produsse uno che prevedeva un equipaggio di quattro uomini e montava un motore M36 della Daimler da 100 hp a sei cilindri. Anche quello della Rheinmetall prevedeva lo stesso equipaggio e montava lo stesso motore, ma la principale differenza tra i due era la sospensione. Il primo utilizzava una molla a spirale piana, mentre il secondo una a foglia; entrambi vennero designati come Leichte Traktor (*VK 31 - Volkettenfahzeuge*, veicoli interamente cingolati, anche se con questo nome erano per lo più indicati i veicoli sperimentali) e armati con un cannone KwK L/45 da 37 mm e una mitragliatrice (disegnata e prodotta dalla svedese AB Landsverk & Bofors), installata su una torretta montata nella parte posteriore. I prototipi furono ultimati tra aprile e maggio 1930 e testati a Kama nel mese di giugno. La Rheinmetall produsse anche un terzo prototipo in acciaio leggero, che montava un cannone KwK Pak L/45 da 37 mm e prevedeva un equipaggio di tre uomini. Questo primo Panzerjager era pressoché identico al precedente prototipo: differiva solo per la torretta ridotta e la sovrastruttura modificata.

Peso	9,65 tonnellate
Equipaggio	2-3 uomini
Motore	Daimler 100 hp
Velocità	Strada: 35 km/h Fuori strada: 19 km/h
Autonomia	Strada: 60-80 km Fuori strada: 30-35 km
Combustibile	Gasolio
Dimensioni (lun/lar/alt)	4,32 / 2,26 / 2,27 metri
Armamento	KwK L/45 da 37 mm + 1 MG da 7,92 mm
Ordine di produzione	289 esemplari
Protezione	14 mm

I test a cui i Leichte Traktor furono sottoposti diedero esito positivo e furono utilizzati per scopi addestrativi a Kama, anche se non vennero ritenuti completamente adatti per il combattimento. Tra il 1931 e il 1932 la Rheinmetall lavorò per migliorare i suoi precedenti progetti, sperimentando nuovi tipi di cingoli e sospensioni. Nel 1931 si ordinò la produzione di 289 di questi carri; tuttavia, nel 1932 fu sospeso per dare priorità ad altri progetti, fra cui quello del futuro Panzer I. Complessivamente furono prodotti solo tre prototipi dei modelli della Krupp e della Rheinmetall. Nel 1933 terminò la cooperazione con la Russia, dopo la presa del potere da parte di Hitler e tutti i veicoli fecero ritorno in Germania, dove vennero usati per scopi addestrativi alla scuola di Alt-Gaarz.

Figura 12. Leichte Traktor Versuchskonstruktion (VK) 31

Grosstraktor I (Daimler)

Contemporaneamente allo sviluppo dei carri leggeri, già dal 1925 la Reichswehr si era mossa anche per la produzione di carri medi, così la Daimler, la Krupp e la Rheinmetall furono impegnate anche in questo settore. Nome in codice dei progetti: *Armeewagen 20*. Erano richieste le seguenti caratteristiche: lunghezza di sei metri, larghezza di due e mezzo, peso massimo di 15 tonnellate, cannone da 75 mm su torretta rotante. Fu il generale Von Seeckt che credette fermamente nell'utilizzo dei carri armati sui campi di battaglia e comprese a pieno le potenzialità dei nuovi mezzi con torretta armata. Ogni fabbrica avrebbe dovuto produrre due prototipi in acciaio tenero, con protezione che oscillava dai 6 ai 14 mm, camuffati da veicoli commerciali. La Krupp realizzò una torretta che si poteva montare solo sul proprio telaio, mentre la Rheinmetall ne fece una installabile anche sul modello della Daimler. I lavori iniziarono nel 1925 e i test vennero pianificati per il 1929-30. Il Grosstraktor I fu disegnato da Ferdinand Porsche e armato con un cannone KwK L/24 da 75 mm e tre mitragliatrici. Montava un motore Daimler M182206 a sei cilindri, a gasolio, capace di sviluppare una potenza di 260 hp. Aveva una sospensione a foglia e capacità anfibie: nel 1929 venne realizzato il primo prototipo (numeri 41) e un secondo (numero 42) nel 1930, e vennero testati in segreto. Si provò anche ad armare uno dei prototipi con un cannone da 75 mm più lungo, per dare maggiore velocità al colpo: tuttavia erano diversi i problemi che i veicoli presentavano, soprattutto nella trasmissione.

Figura 13. Grosstraktor I

Grosstraktor II (Rheinmetall-Borsig) e Grosstraktor III (Krupp)

Il Grosstraktor II era armato con lo stesso cannone della prima versione ma poteva montare anche un'altra mitragliatrice. Il disegno era stato semplificato, includendo portelli di accesso laterali, pur mantenendo le stesse capacità anfibie. Il primo prototipo fu realizzato nel 1928 (numero 45) e il secondo nel 1929 (numero 46), anche se entrambi subirono varie modifiche negli anni successivi. Il motore installato era un Bmw a sei cilindri da 250 hp. L'altro prototipo, quello della Krupp, era simile agli altri due modelli ma montava una sospensione a spirale piana, superava le 16 tonnellate di peso e poteva raggiungere i 44 km/h. Due i prototipi: il numero 43 nel 1928 e il 44 nel 1929. La somiglianza di questi carri con i Mark III e Mark C britannici era evidente.

Figura 14. Grosstraktor II

Nessuno di loro entrò comunque in produzione a causa dei numerosi difetti riscontrati durante i test.

Figura 15. Grosstraktor III

Durante le manovre dell'agosto 1935, furono incorporati momentaneamente nella I^ Divisione Panzer. Entrambi i Grosstraktor II della Daimler finirono invece come "monumenti" presso il quartier generale del I° Reggimento Panzer ad Erfurt e al 5° Reggimento Panzer a Wundsdorf. Gli altri due continuarono ad essere usati come bersaglio in movimento nelle scuole di artiglieria.

Nuove conoscenze

Un ulteriore ausilio nello sviluppo dei nuovi mezzi giunse inaspettatamente dall'Inghilterra. Nel 1930, infatti, il capitano dell'esercito inglese Norma Baillie-Stewart venne convinto a passare i progetti tecnici dei carri Vickers Indipendent alla Germania. Queste informazioni non saranno troppo utili in sé per sé, ma provavano il reale livello tecnologico raggiunto dai britannici, che non era nemmeno troppo superiore a quello dei tedeschi, nonostante le restrizioni imposte dal trattato di pace.

Un altro progetto

Un altro dei primi veicoli corazzati tedeschi fu il Rader-Raupen Kampfwagen M 28 (GFK). Disegnato da Merker nel 1928, era un carro leggero progettato per la svedese Landsverk e se ne produssero sei prototipi dalla Daimler e dalla Buessing. Era lungo

4,28 metri, largo 2,6 e alto 1,48 (senza considerare la torretta). Pesava 7 tonnellate ed era azionato da un motore Daimler a quattro cilindri da 52 hp o da un NAG D7 da quattro cilindri per 77 hp. Come trasmissione aveva una ZF K 45 con due rotelle per la e un serbatoio da 70 o 85 litri. Funzionava con un equipaggio di quattro uomini e poteva percorrere 180 km se montato con le ruote da strada, mentre solo 80 con i cingoli. Era armato con un KwK da 37 mm e due MG Dreyse da 7,92 mm. Ne venne testato solo uno a Kama nel 1930, ma presentava seri problemi e il suo sviluppo successivo venne affidato ai tecnici svedesi. Basandosi su questo modello, nel 1931 la Landsverk produsse alcuni L 30 (Strv fm/31) e nel 1933 il prototipo dell'L 80.

Caratteristiche tecniche dei tre Grosstraktor	
Equipaggio	6 uomini
Peso	15,75 – 17,7 tonnellate
Dimensioni	6,6 metri
Altezza	2,3 m (II) – 2,45 m (I)
Larghezza	2,78 m (I) – 2,81 (II)
Armamento principale	75 mm (, III) o 105 mm (I) 75 mm KwK L/25 (II)
Armamento secondario	3 MG da 7,62 mm 3 MG da 7,92 mm + 3 MG da 7,62 mm 3 MG da 7,92 mm
Munizioni	104 colpi cannone + 6.000 per MG
Protezione	13-14 mm
Motore	Bmw Va da 6 cilindri
Potenza (hp)	250, 300
Trasmissione	6 marce, 2 retro
Capacità serbatoio	31,2 litri
Traversa	360°, manuale
Velocità massima	40 Km/h
Autonomia su strada	150 km
Raggio di elevazione del cannone	-12° / +60°

Panzerkampfwagen Neubaufahrzeug V & VI

Lo sviluppo di un carro pesante iniziò nell'ottobre 1932 sulla scia dell'esperienza dei Grosstraktor e l'anno seguente l'Alto Comando dell'Esercito siglò un contratto per lo sviluppo di un "trattore pesante". Il progetto venne affidato alla Krupp e alla Rheinmetall: all'inizio i nuovi carri furono chiamati Panzerkampfwagen VII, ma nell'ottobre 1933 vennero ribattezzati *Neubaufahrzeug*. I modelli delle due fabbriche erano simili nella forma ma non nella sostanza: quello della Rheinmetall (modello A o PzKpfw NbFz V) montava un Tankkanone L/45 da 37 mm installato sopra un L/24

KwK da 75 mm; il modello della Krupp (modello B o PzKpfw NbFz VI) montava un Tankkanone L/45 da 37 mm dietro un L/24 KwK da 75 mm. Entrambi montavano una torretta modificata ripresa dal Panzer I, armata con due mitragliatrici; una sulla parte anteriore e una su quella posteriore. Questi due carri andavano così a coprire la "famiglia" dei mezzi corazzati tedeschi, che già stava prendendo corpo. Il carro avrebbe raggiunto la velocità di 24 km/h, azionato da un motore Bmw da 290 cavalli e la protezione variava dai 13 ai 20 mm. I disegni di questi due mezzi sono simili ai Vickers Indipendent britannici, ai T-35 russi e agli Char-2C francesi.

Figura 16. Panzerkampfwagen Neubaufahrzeug VI

Nel 1934 la Rheinmetall riuscì a costruirne solo due prototipi in acciaio tenero (numero 1 e 2) e altri tre nel 1935-36 (numeri 3, 4 e 5). Il numero 1 fu l'unico montato con la torretta della Rheinmetall e armato con il Tankkanone L/45 da 37 mm installato sopra il KwK L/24 da 75 mm; gli altri quattro furono montato con la torretta Krupp e il Tankkanone KwK L/45 da 37 mm a fianco del KwK L/24 da 75 mm. Nel frattempo si progettava anche l'installazione di un cannone KwK L/28 da 105 mm al posto di quest'ultimo. Nell'agosto 1935 i numeri 1 e 2 presero parte alle manovre delle Panzer Divisionen, mentre i restanti continuarono ad essere testati a Putlos fino al 1936. L'anno seguente si decise poi di convertire questi NbFz in *Nebel Panzer*, armati con un cannone da 105 mm, capace di sparare anche proiettili e granate fumogene. Allo stesso tempo non erano ancora stati accantonati i progetti per un carro con diverse torrette, anche se alla fine si decise di puntare tutto sullo sviluppo del Panzer IV, futuro principale carro della Panzertruppe. Oltre tutto modelli di quel tipo non sarebbero stati funzionali alle strategie belliche germaniche, che puntavano soprattutto sulla velocità rispetto al volume di fuoco. Nella primavera del 1939, il PzKpfw NbFz VI della Krupp venne esposto all'Esposizione Internazionale dell'Automobile a Berlino, con intento propagandistico.

Impiego bellico

Tre di questi carri, con la torretta della Krupp, prestarono servizio nel Panzer *Abteilung zur besonderer Vervendung 40* in Norvegia. Tutti e tre forarono un plotone, conosciuto come *Panzerzug Hortstmann / Zug Putlos*, comandato dal Leutnant Horstmann. Giunse ad Oslo il 19 aprile 1940, suscitando una grande impressione in quanto si credeva che la Germania avesse molti di quei carri pesanti. Due servirono nel *PzAbt zbV 40*, mentre il terzo servì nella 196^ divisione di fanteria. Questo carro venne immobilizzato ma non distrutto dagli inglesi, mentre uno degli altri due finì in una zona paludosa e affondò. I genieri tedeschi lo fecero esplodere. Questo carro venne poi rimpiazzato con un altro identico e il battaglione operò prima presso Oslo nel 1941, poi in Finlandia nel 1942. Sembra però che nessuno di questi carri lasciò mai la Norvegia, ove furono probabilmente presi dagli Alleati nel 1945 e lì smantellati.

Figura 17. Panzerkampfwagen Neubaufahrzeug della Rheinmetall lungo le vie di Oslo

	PzKpfw NbFz VI (Krupp)	PzKpfw NbFz V (Rheinmetall)
Peso	23 tonnellate	23,41 tonnellate
Periodo di produzione	1934-1936	1935
Equipaggio	7 uomini	6 uomini
Motore	Bmw Va /12 cilindri / 290 hp Maybach HL 108 TR /12 cilindri /300 hp	Bmw Va / 6 cilindri /250 hp
Velocità (su strada)	25-30 km/h	30 km/h
Autonomia (su strada)	120 km	120 km
Dimensioni (lung / largh /alt)	6,65 / 2,19 / 2,9 metri	6,6 / 2,19 / 2,98
Armamento	1 KwK L/24 da 75 mm 1 KwK L/45 da 37 mm (torretta) 2 MG 13/34 da 7,92 mm	1 KwK L/24 da 75 mm 1 KwK L/45 da 37 mm (torretta) 2 MG 13/34 da 7,92 mm
Munizioni	60 colpi (75 mm) - 50 colpi (37 mm) - 6.000 colpi MG	60 colpi (75 mm) - 50 colpi (37 mm) - 6.000 colpi MG

Fonti tedesche affermano che i NbFz furono inglobati nel *I° Panzer Gruppe* sul fronte orientale sotto il comando di Von Kleist e che uno di loro venne distrutto presso Drubno il 28 o 29 giugno 1941. Altre fonti parlano di due mezzi andati distrutti vicino il confine rumeno nel giugno 1941, ma altri riferiscono che furono tuttavia recuperati e trasferiti in Germania. L'unica fotografia che abbiamo in proposito mostra il NbFz numero 1 in riparazione nell'estate 1942 negli stabilimenti della Krupp, con uno Stug III in costruzione sullo sfondo. Forse uno dei due prototipi in acciaio tenero costruiti nel 1934 rimase in Germania per essere testato e forse venne demolito lì nel 1941.

Alcune considerazioni

Nel periodo in cui sono stati sviluppati i progetti dei mezzi trattati in questo capitolo, la Germania ha bruciato le tappe e colmato i vuoti del passato. Il tutto, in un'unica condotta che attraversa la Repubblica di Weimar e arriva alla Germania nazionalsocialista. I progressi furono certamente lenti e fino al 1929 vi furono solo prototipi dei carri delle varie tipologie, malgrado se ne stessero individuando ruoli e funzioni specifiche. Un inevitabile freno fu quello rappresentato dalle clausole del trattato di Versailles, che imponeva le note limitazioni in fatto di armamenti alla Germania uscita sconfitta dalla guerra. Ciononostante, l'apparato militare tedesco superstite, formato peraltro da ottimi ufficiali e tecnici nonostante le sole 100 mila unità, seppe mettere a frutto le proprie competenze e abilità. I lavori e i progetti non conobbero momenti di sosta: la Germania non sarebbe dovuta rimanere indietro a nessun altro Paese, malgrado la situazione interna instabile e i vincoli dei trattati. In questo quadro non va ingigantita la denuncia fatta da Hitler dei trattati di pace e l'avvio del riarmo. Non fece che rendere pubblico uno stato di fatto ormai assodato. Per arrivare a questo punto un elemento importante era stato quello della cooperazione con la Russia e, in misura minore, con la Svezia. La nascita di questo rapporto con la Russia era frutto del trattato di Rapallo e della conferenza di Genova, ed entrambi i Paesi ne approfittarono. Entrambi erano stati sconfitti e avevano assistito al crollo di un mondo: quello del Reich guglielmino in Germania e quello imperiale degli Zar in Russia. Le necessità di riarmo per entrambi furono considerate impellenti, così come i progressi da compiere in ambito tecnologico. Non è facile dire chi si avvantaggiò di più da questo stato di cose: la Germania di sicuro ebbe modo di approfondire i suoi lavori e testarli liberamente, in barba al resto d'Europa, con Inghilterra e Francia probabilmente convinte di aver ridotto la pericolosità bellica dell'ingombrante vicino. I mezzi ideati in questi anni, tuttavia, risentono ancora dell'influenza dei modelli stranieri, soprattutto per ciò che riguarda i carri leggeri e i Grosstraktor. Le prime sperimentazioni più autonome si ebbero, di fatto, con i carri pesanti. Ancora non vi era certezza sull'indirizzo da dare allo sviluppo dei mezzi e il dilemma si ricondusse alla dicotomia tra velocità e potenza di fuoco. Un tema che riguardava, di fatto, la tattica bellica e la strategia con cui attuarla. La Prima guerra mondiale era fondata sulla concezione ottocentesca delle grandi masse di fanti protagoniste delle battaglie. Con la progressiva meccanizzazione degli eserciti, si fece largo la necessità di disporre di mezzi adeguati alle proprie strategie belliche. Era altresì importante disporne di diversi tipi, specializzati nelle funzioni che avrebbero dovuto assolvere. Nel settore dei carri armati, questo concetto si affermerà pienamente più avanti, a guerra inoltrata, e non solo nell'ottica di una Blitzkrieg d'assalto. Il regime nazionalsocialista decise di investire su un esercito dotato di mezzi veloci, anche sacrificando altre caratteristiche. Un orientamento che diverrà evidente con i Panzer I e II. In questi anni la macchina bellica tedesca lavorò a pieno regime, mettendo in concorrenza e – allo stesso tempo – in cooperazione le fabbriche di armi e portando avanti più progetti di ricerca. L'economia bellica tedesca riuscì progressivamente ad alzare i giri della propria produzione, la cui partenza risale già alla prima metà degli anni Trenta. La Germania riuscì così a valorizzare al massimo il suo apparato industriale, rivitalizzato dall'afflusso di materie prime che ne aveva frenato la piena operatività negli anni del blocco navale, durante il primo conflitto mondiale. Una macchina poderosa riuscì così a partire, coordinata e gestita con pugno di ferro dal regime hitleriano. Queste condizioni, basti pensare all'Italia, non erano comuni ovunque, anche perché la Germania poteva contare su importanti giacimenti di materie prime e petrolio. L'avvento del nazionalsocialismo diede quindi un impulso formidabile in questa direzione e i successi derivati da questa scelta daranno tali risultati che ci vorrà una sinergia tra i più forti Paesi del mondo per fermare l'esercito del Terzo Reich.

Panzerkampfwagen I

L'avvento di Hitler: il riarmo

L'evoluzione del contesto storico derivato dall'avvento al potere del regime hitleriano non è un elemento di secondo piano per comprendere gli sviluppi della politica tecnologica e militare negli anni Trenta e seguenti. Il 30 gennaio 1933 Hitler vinse le elezioni e divenne Cancelliere del Reich e il 15 marzo 1935 denunciò il trattato di Versailles[3], annunciando che la Germania avrebbe iniziato da subito il riarmo. In questo modo lo sviluppo dei mezzi corazzati non sarebbe dovuto più avvenire in segreto o in altri Paesi, ma direttamente in Germania. Cessò così ogni collaborazione con Svezia e Russia, anche per motivi ideologici, in maniera brusca e repentina. Il 15 marzo Hitler decretò la fine del Reichswehr e decise di creare la Wehrmacht; il 21 marzo rientrò in vigore il servizio militare obbligatorio. Nell'ottobre 1935 il *Kommando der Panzertruppen*, situato a Berlino, aveva ai suoi ordini tre divisioni: la I^ e la II^ create il 15 ottobre e la III^, creata lo stesso giorno dalla trasformazione della III^ divisione di fanteria motorizzata. L'occasione per testare in un combattimento reale i nuovi armamenti si presentò con la guerra di Spagna: tra l'ottobre e il novembre 1938 la Wehrmacht aumentò gli effettivi della Panzerwaffe con due nuove divisioni: la 4^, creata il 10 novembre e la 5^, nata il 24 dello stesso mese. Meno di un anno dopo, al momento dell'attacco alla Polonia, la Panzerwaffe contava sette divisioni, quattro divisioni leggere e due battaglioni autonomi, per una forza complessiva di 2.850 carri armati, compresi quelli cecoslovacchi. Ogni divisione era composta da una brigata corazzata, due reggimenti, due battaglioni, una compagnia pesante, tre compagnie medio-leggere, una brigata di fanteria motorizzata, un reggimento di fanteria, due battaglioni di autocarri, un battaglione motociclisti, un reggimento di artiglieria motorizzato, un battaglione di ricognizione blindato, due squadroni blindati, uno squadrone di artiglieria motociclista, uno squadrone di armi

[3] Le clausole del trattato di Versailles, firmato il 28 giugno 1919, imponevano alla Germania la cessione di 73.485 km quadrati di territorio sul quale vivevano 7,325 milioni di abitanti di lingua e tradizione tedesca, il passaggio definitivo di Alsazia e Lorena alla Francia e quello temporaneo della regione mineraria della Saar per sfruttarne i giacimenti. E ancora, la Polonia acquisì la Posnania e il corridoio di Danzica, in cui nacque il libero Stato di Danzica, salvaguardato dalla Società delle Nazioni ma rappresentato all'estero dalla Polonia; la cessione di Memel alla Lituania e altri piccoli territori a vantaggio di Belgio e Danimarca. Inoltre la Germania avrebbe dovuto pagare le temporanee spese di occupazione militare del suo territorio e i danni di guerra. Un primo acconto venne versato per l'ammontare di 20 milioni di marchi-oro, le furono confiscate colonie e possedimenti d'oltremare e venne stabilita la distruzione di tutti gli armamenti, la riduzione a 100 mila uomini dell'esercito, l'abolizione dello Stato Maggiore Generale e della coscrizione obbligatoria.

Figura 18. Panzer in parata a Norimberga nel 1935

pesanti, un battaglione anticarro, uno antiaereo, un battaglione comunicazioni, uno del genio e un'unità di servizi divisionali.Per supportare le operazioni della fanteria si crearono due brigate corazzate indipendenti e un analogo reggimento corazzato. Le divisioni leggere, formate con le unità rimanenti, erano invece composte da un battaglione corazzato, quattro di fucilieri motorizzati, unità di ricognizione, artiglieria e genio. Facendo un breve passo indietro nel tempo, dobbiamo tornare al 1931, quando il generale di brigata Oswald Lutz venne nominato ispettore del trasporto motorizzato del Reichswhr, con Heinz Guderian come capo di Stato maggiore. Entrambi concordarono sulla necessità di creare efficienti forze corazzate e un carro leggero da addestramento per il futuro personale delle Panzer Divisionen. Nel 1932 fu commissionato un carro leggero da 5 tonnellate alla Rheinmetall-Borsig, alla Krupp, alla Henschel, alla MAN e alla Daimler-Benz, con l'obiettivo di migliorare i progetti sviluppati con la Landsverk.

Disposizioni e realizzazione

Nel 1933 la *Heereswaffenamt* ordinò poi lo sviluppo di un Kleintraktor, ossia un mezzo corazzato leggero, di peso compreso tra quattro e sette tonnellate. Il veicolo venne chiamato La.S (*Landwirtschaftlichter Schlepper /LaS*) e mascherato come progetto di un trattore per scopi industriali. Ogni fabbrica presentò il proprio prototipo e a convincere maggiormente fu quello della Krupp; quello della Daimler era ancora troppo ancorato al progetto del VK 31/A2 del 1928-29, mentre la Henschel presentò tre prototipi solo nel dicembre 1933 mentre le altre fabbriche saranno coinvolte solo per l'assemblamento dei mezzi. Il carro riprendeva in parte il profilo del Carden Loyd Mk IV britannico: l'anno precedente ne erano stati infatti acquistati segretamente due esemplari dalla Russia, che li aveva a sua volta acquistati dall'Inghilterra tre anni prima, come base per realizzare i suoi T-27. Il disegno della Krupp venne modificato nell'estate del 1933 e i cinque esemplari prodotti furono testati a Kummersdorf. L'esito dei test portò alla decisione di utilizzare il telaio della Krupp con la sovrastruttura e la torretta della Daimler. Nel febbraio 1934 furono effettuati i primi test e i La.S così costruiti vennero ribattezzati *Panzerkampfwagen I Ausf A* ed entrarono in produzione nell'aprile di quell'anno, con i primi 15 esemplari prodotti entro la fine del mese e sottoposti a Hitler da Guderian. Il Panzer I venne prodotto in due versioni molto simili l'una dall'altra: l'Ausf A nel 1934, l'Ausf B l'anno seguente, che variava motore e sospensione. La produzione dell'Ausf A andò avanti fino al giugno 1936, mentre quella dell'Ausf B dall'agosto 1935 al giugno 1937. Della produzione se ne occuparono in primo luogo Henschel, Man, Krupp e Daimler, mentre la sovrastruttura fu affidata alla Deutsche Edelstahlwerke AG negli stabilimenti di Hannover-Linde. Costruì diversi carri anche la Ceskomoravska Kolben Danek di Praga, che dopo l'occupazione tedesca divenne la Bohmisch-Mahrische Maschinenfabrik.

L'Ausf A mostrò lacune nell'alimentazione da parte del motore Maybach da 57 hp a quattro cilindri della Krupp, che si surriscaldava eccessivamente, così sull'Ausf B si usò un Maybach da 100 hp a sei cilindri con raffreddamento ad acqua. I modelli avevano analoga torretta e sovrastruttura, ma l'Ausf B era più lungo a seguito dell'aggiunta di una ruota dentata e del nuovo spazio per il motore, più lungo e largo; così il telaio subì alcune modifiche. La ruota dentata finale, inoltre, venne sollevata da terra e la trasmissione installata fu la ZF Aphon FG 31 anziché la FG 35 dell'Ausf A.

Figura 19. Panzer I Ausf A

Figura 20. Panzer I Ausf A in Cina

Entrambi i motori avevano cinque marce e i due modelli prevedevano un equipaggio di due soli uomini, il pilota e il comandante, che si occupava anche dell'armamento e condividevano lo stesso spazio. Il guidatore entrava da un portello sulla sinistra della torretta, il comandante invece dalla torretta; lo scompartimento del primo era nella parte anteriore, poi spostato più a sinistra nell'Ausf B. L'armamento prevedeva due MG 13 Dreyse da 7,92 mm con una potenza di fuoco da 650 colpi al minuto. Tra il 1935 e il 1936 si provò anche a montare sull'Ausf A il motore M601 a diesel della Krupp, ma riusciva a produrre solo 45 hp di potenza e così l'idea di montare un motore alimentato a diesel venne accantonata. Ogni carro armato apparteneva a una "classe", per cui si parla di Panzer I, II e seguenti. Ognuna di esse poteva avere diversi modelli, Ausfuhrung, indicati con una lettera, a partire dalla A. La stessa dicitura Panzerkampfwagen era abbreviata in PzKpfw oppure PzKw. Vi era, infine, un numero di inventario, che seguita un ordine numero: il Sonderkraftfahrzeug, o SdKfz. Alle diverse serie di veicoli furono assegnati diversi numeri SdKfz: Panzer I (101-111), Panzer II (120 e seguenti), Panzer III (140 e seguenti), Panzer IV (160 e seguenti), Panzer V (170 e seguenti), Panzer VI (180 e seguenti), veicoli semi cingolati o blindati (200 e seguenti).

Figura 21. Panzer I Ausf B

Progetti paralleli

Nel 1935, inoltre, la Krupp iniziò i lavori per la produzione del Leichte Kampfwagen Ausland, un carro leggero destinato all'esportazione, secondo le direttive della Waffenamt. Nel 1936 il disegno venne ultimo e inserito in produzione dopo il Panzer

I. ne vennero prodotte due versioni: l'L.K.A. 1 MG Kampfwagen e l'L.K.A. 2 (di quest'ultimo venne disegnata anche una versione con un'armatura più pesante, chiamato s c K.A.v, ma si decise di accantonare l'idea in quanto sarebbe divenuto un carro medio, anziché leggero). I lavori su questo progetto continuarono fino al 1940, e venne ripresa anche quest'ultima idea con la creazione del carro medio m.K.A. - conosciuto anche come *4,5 cm K.A.v. /M 10*, armato con un KwK L/50 da 45 mm - tuttavia non entrò mai in produzione. Sempre nello stesso periodo la Krupp si dedicò alla produzione di un carro leggero destinato all'esercito bulgaro, che ne aveva fatto richiesta alla Germania. Nacque così il Leichte Kampfwagne B (L.K.B), un Panzer I Ausf B con motore M 311 V-8 a gasolio. Tre versioni modificate furono prodotte col cannone automatico da 20 mm; nessuno di questi mezzi entrò in produzione. Nacque così il Leichte Kampfwagen B (L.K.B), un Panzer I Ausf B con motore M 311 V-8 a gasolio. Tre versioni modificate furono prodotte col cannone automatico da 20 mm; nessuno di questi mezzi entrò in produzione.

Figura 22. L.K.A.1 della Krupp

Nel 1934 fu venduto all'Ungheria un solo Panzer I e nel 1942 gli ungheresi ne richiesero altri per scopi addestrativi. Alla fine del 1936 fu poi Chiang-Kai-Shek a comprarne 15 per il suo esercito nazionalista, insieme ad altro materiale bellico. Qualcuno di questi carri venne dato anche all'esercito croato e finlandese.

Impiego bellico e modifiche sul campo

Il battesimo del fuoco del Panzer I avvenne durante la guerra civile spagnola. I primi 32 carri raggiunsero la Spagna nell'ottobre 1936 insieme a un Kleiner Panzer Befehlswagen I. Nella Legione Condor presero servizio 106 carri armati – 102 Ausf A e quattro Kleiner Panzer Befehlswagen I – nel battaglione corazzato 88 del maggiore Ritter von Thoma, conosciuto anche come *Abteilung Drohne*. Questa unità era composta da tre compagnie di stanza a Cubas, vicino Toledo, dove gli istruttori tedeschi addestravano i reparti spagnoli all'uso dei nuovi carri. L'unità venne anche impiegata in battaglia, in occasione dell'assedio di Madrid. I Panzer I si dimostrarono però inferiori ai T-26 russi o ai BT-5 in dotazione ai repubblicani. Alcuni Panzer I furono catturati dai repubblicani e riarmati con cannoni anticarro francesi Hotchkiss Modello 34 o 37 da 25 mm su una torretta modificata. Sempre durante la guerra di Spagna, alcuni Panzer I Ausf B vennero riarmati con una mitragliatrice Breda modello 1935 da 20 mm per la difesa antiaerea su una torretta modificata per l'occasione (conosciuti come *Panzer I Ausf B mit 20 mm Flak L/65 Breda Model 1935*). Si trattò di uno dei primi esempi della storia di carri armati riadattati a postazione contraerea mobile. Le truppe nazionaliste di Franco furono invece raggruppate in due battaglioni corazzati: I e II Agrupacion de Carros. I tedeschi approfittarono del conflitto in Spagna per testare i nuovi carri e i concetti della Blitzkrieg, ma emerse chiaramente come la protezione offerta dai Panzer I fosse valida solo contro le armi leggere e che anche lo scarso armamento era inefficace se non contro la fanteria. I Panzer I, ciononostante, furono utilizzati in Francia, Danimarca, Norvegia e Africa settentrionale. Alla campagna polacca ne parteciparono 1.445 e 523 a quella di Francia. L'1 luglio 1941 ne rimanevano in servizio 843, tutti ritirati dalla linea del fronte alla fine dell'anno; solo 74 parteciparono alle prime fasi dell'operazione Barbarossa.

Le varianti successive

Dopo l'esperienza spagnola fu chiaro che il Panzer I era inadatto come carro da combattimento e nel 1938 iniziò un piano che ne prevedeva un ruolo più adatto a operazioni di ricognizione o supporto alla fanteria. L'Ausf C e l'Ausf F furono così due carri molto diversi dai precedenti. Il primo (VK 601) fu creato come mezzo in grado di effettuare rapide ricognizioni prima di operazioni di maggior portata. Aveva rotelle sovrapposte e due bocche di fuoco: una MG34 e un EW41.

La produzione fu di 40 esemplari (telaio Krauss-Maffei e sovrastruttura e torretta Daimler) tra il luglio e il dicembre 1942: due furono assegnati alla I^ Panzer Division, gli altri 38 rimasero al 58° Panzer Korp di riserva.

Figura 23. Panzer I Ausf C

L'Ausf D neuer Art (VK 602) fu essenzialmente una versione migliorata dell'Ausf C, prodotta solo in qualche prototipo: montava un motore Maybach HL 66 da 180 hp, necessario per l'aumento di peso, dovuto alla maggiore protezione. L'Ausf F neuer Art (VK 1801) era invece un carro d'assalto per la fanteria armato più massicciamente. Pesava 21 tonnellate e doveva supportare da vicino la fanteria: venne richiesto il 22 dicembre 1939 e il primo prototipo fu realizzato il 17 giugno 1940. Aveva una corazza frontale di 80 mm, che lo rendeva imperforabile per la maggior parte dei cannoni anticarro nemici dell'epoca, ed era armato con due MG34 sulla torretta. Fu prodotto dalla Daimler (sovrastruttura e torretta) e dalla Krauss-Maffei (telaio) dall'aprile 1942 al gennaio 1043 in soli 30 esemplari: cinque prestarono servizio vicino Leningrado nel maggio 1942 nella I^ compagnia del Pz.Abt.z.b. V.66 aggregata al 29° Panzer Regiment della 12^ Panzer Division e lì rimasero fino al luglio 1943. Nel maggio dello stesso anno, altri cinque furono forniti alla II^ Polizei Panzer Compagnie di Vienna, poi trasferita sul fronte orientale (i carri furono poi tutti persi nell'agosto 1944). Nel marzo 1943, due Ausf C e otto Ausf F vennero inviati al I° Panzer Regiment della I^ Panzer Division e prestarono servizio in Russia, Jugoslavia e Grecia; altri 38 Ausf C vennero assegnati alle unità di riserva del 58° Panzer Korp e finirono il servizio in Normandia, dove vennero persi nel 1944.

Figura 24. Panzer I Ausf F

Vennero poi progettate anche altre varianti: l'Ausf A ohne Aufbau (come mezzo di addestramento) e l'Ausf B ohne Aufbau (come carro per assistenza e riparazione da assegnare alle compagnie corazzate) e il neuer Art verstark, disegnato nel dicembre 1939 come carro pesante da supporto alla fanteria. Ma tutti questi progetti furono tralasciati.

	Ausf A	**Ausf B**	**Ausf C**	**Ausf F**
Equipaggio	2	2	2	2
Peso	5,4 tonnellate	5,8 tonnellate	8 tonnellate	18 tonnellate
Dimensioni (lu/la/h)	4,02 x 2,06 x 1,72	4,42 x 2,06 x 1,72	4,19 x 1,94 x 1,94	4,38 x 2,05 x 2,05
Motore	Krupp M 305 – 57 hp	Maybach NL 38 TR – 100 hp	Maybach HL 45P – 150 hp	Maybach HL 45P – 150 hp
Trasmissione	ZF Aphon FG 35 5+1	ZF Aphon FG 31 5+1	ZF Aphon FG 31 8+2	ZF Aphon FG 31 4+1
Velocità	37 km/h	40 km/h	40 km/h	40 km/h
Guado	0,58 metri	0,58 metri	0,58 metri	0,58 metri
Trincea e gradino	1,4 mt – 0,36 mt	1,4 mt – 0,36 mt	1,4 mt – 0,36 mt	1,4 mt – 0,36 mt
Larghezza cingoli	280 mm	280 mm	280 mm	280 mm
Armamento	2 x MG 13 o 34 da 7,92 mm	2 x MG 13 o 34 da 7,92 mm	EW14 + 1 MG	2 x MG 13 o 34 da 7,92 mm
Munizioni	2.250 colpi	2.250 colpi		
Protezione	7-13 mm	7-13 mm	10-30 mm	30-80 mm
Produzione	818 (1933/34)	675 (1935/41)	40 (1942/43)	30 (1942)

Ladungsleger I

Tra il 1939 e il 1940 un centinaio di Panzer I Ausf A e B furono riconvertiti in Ladungsleger I, mezzo che poteva installare cariche di 50 kg di esplosivo. Ne furono realizzate due varianti, che differivano solo nell'equipaggiamento utilizzato per la disposizione della carica: uno prevedeva che la carica esplosiva fosse sganciata dal retro del carro e un altro utilizzava invece le "braccia" del meccanismo per sistemare il carico a distanza. Erano stati progettati per le unità di genieri e furono utilizzati in Francia (7^ Panzer Division) e in Russia. Montavano un braccio di circa due metri e la produzione iniziò il 9 maggio 1940 alla Waggonfabrik Talbot di Aachen.

Figura 25. Ladungsleger I

Munitionsschlepper I (Sd.Kfz 111)

La Daimler convertì 51 Ausf A nel settembre 1939 per realizzare mezzi in grado di rifornire di munizioni i carri impegnati sulla linea del fuoco. Erano alti 1,4 metri, con armatura frontale di 15 mm e laterale e posteriore di 13 mm. L'equipaggio era composto da due uomini e prestarono servizio sia in Polonia che in Francia. Tra le fine del 1942 e il 1943, tutti i Panzer I ancora esistenti furono convertiti a questo scopo, togliendo loro torretta e sovrastruttura, così da ricavare più spazio per il trasporto munizioni; rimasero in servizio fino alla fine del 1943.

Flakpanzer I (Sd.Kfz 101)

Nel 1940 apparve evidente al comando tedesco la necessità di dotare le unità corazzate impegnate nelle avanzate fulminee della Blitzkrieg di alcune forme di difesa antiaerea mobile. Si decise così di installare il cannone Flak 38 da 20 mm sul telaio del Panzer I Ausf A. Il cannone da 20 mm (Flak 38 L/112,5) era installato nel posto occupato inizialmente dalla torretta e montava un motore più potente, visto l'aumento di peso del mezzo. La Alkett ne produsse 24 all'inizio del 1941, con cui vennero create tre batterie da otto mezzi nel 614° Flak Abteilung. Ogni batteria aveva anche otto Munitionsschlepper I Ausf A per il trasporto delle munizioni.

Figura 26. Flakpanzer I

Ognuna di esse aveva un colore a sè stante e alla fine del 1941 furono inviate nel settore meridionale del fronte orientale e lì divise e assegnate ad altre unità, sempre nei ranghi della 6^ armata. I risultati del loro impiego furono ottimi e abbatterono diversi velivoli. Il loro servizio finì nel 1943 a Stalingrado, impegnati anche contro obiettivi terrestri.

Panzer Befehlswagen I Ausf B – Kleiner Panzer Befehlswagen I (Sd.Kfz.265)

Sin dal 1938 alcuni Panzer I erano stati trasformati in carri per i comandanti, destinati alle operazioni di coordinamento, comando e controllo direttamente sul campo di battaglia. Un aspetto che ormai si considerava fondamentale, viste le dimensioni che stavano assumendo le divisioni corazzate e la loro centralità nell'organizzazione dell'esercito. Il Panzerbefehlswagen I venne ideato nel 1935 dalla Krupp a partire dall'Ausf B (solo sei utilizzarono il telaio dell'Ausf A). Dal 1935 al 1937 la Daimler ne produsse 190 e se ne convertirono altri 200 nei mesi successivi.

Figura 27. Munitionsschlepper a supporto di un Flakpanzer

Vi furono poi tre versioni differenti basate sull'Ausf B: la I kl B, la 2 kl B e la 3 kl B. montavano due radio: la FuG2 e la FuG6, una per comunicare con la compagnia comanda, l'altra per il comando del battaglione. Il raggio di quest'ultima era di sei miglia, che arrivava ad otto con l'uso dell'alfabeto Morse. L'installazione delle radio comportò la dotazione di una dinamo extra per la loro alimentazione e il mantenimento in carica delle rispettive batterie. Operavano con un equipaggio di tre uomini: pilota e capocarro, con l'aggiunta di un radiofonista. Lo spazio interno supplementare fu utilizzato per sistemare vari oggetti, tra cui un tavolino da lavoro per il comandante, tavole per lo spiegamento delle mappe, spazi per conservare le carte topografiche e documenti del comando. Furono costruiti rimuovendo la torretta e rimpiazzandola con una struttura fissa - e 17 mm di protezione aggiuntiva – armata con una MG34 da 7,62 mm con 900 colpi a bordo, posizionata al centro. I primi esemplari furono impiegati in Polonia, poi in Francia e infine in Africa settentrionale.

Uno di questi esemplari si trova oggi in Inghilterra, al museo di Bovington. Dopo la campagna di Polonia, alcuni furono convertiti in Sanitatswagen I, una sorta di "ambulanza corazzata", che servirono in Francia nel 1940, in numero di 96. Rimasero in servizio fino al 1942, dopo un aumento della protezione, e infine usati come veicoli di controllo radio per i Minenraum-Wagen Bl/Bll (Sd.Kfz.300).

Figura 28. Panzerbefehlswagen I in Polonia

Flammenwerfer I

Si tratta di una delle varianti meno significative a cui fu sottoposto il Panzer I Ausf A. In occasione dell'assedio di Tobruk, infatti, alcuni carri della 5^ Leichte Division furono armati con un lanciafiamme leggero portatile in servizio nella fanteria e una mitragliatrice. Poteva emettere circa 12 fiammate di liquido infiammabile, lunghe circa 25 metri, e furono usati per avvicinarsi alle fortificazioni nemiche.

Panzerjager I (Sd.Kfz.101)
(4.7cm PaK(t) (Sf) auf Panzerkampfwagen I Ausf B)

Alla fine del 1940 la maggior parte dei Panzer I fu ritirata dal servizio operativo e trattenuta solo per le originarie funzioni di mezzo da addestramento. Rimasero però molti telai prodotti e non ultimati, così si pensò di utilizzarli per i primi carri semoventi. Questi mezzi erano armati con un cannone anticarro cecoslovacco Pak(t) 36 L/43,4 da 47 mm (conosciuto anche come Skoda 47 mm A-5 P.U.V vz 36), installati sul telaio dell'Ausf B. Questo cannone era un'arma formidabile contro i carri dell'epoca: gli avrebbero resistito solo i Matilda inglesi e i carri pesanti sovietici. L'equipaggio era di tre uomini, protetto esclusivamente dallo scudo frontale del cannone; quest'ultimo aveva una traversa limitata di 15° e disponeva di 86 colpi. Dal marzo 1940 al febbraio 1941 Skoda, Alkett e Daimler ne convertirono 202. La Alkett ne produsse 132 in tre serie (40, 50 e 42) da marzo a maggio 1940; seguita dalla produzione di altri 70 nel febbraio del 1941 dalla Skoda. Le due versioni sono riconoscibili dal numero delle parti che componevano lo scudo del cannone: quelle prodotte dalla Skoda erano sette, le altre cinque. Tuttavia la loro efficacia in battaglia non fu brillante come da attese e vennero ritirati quasi subito, tranne qualche esemplare che rimase in linea fino al 1943.

Figura 29. Panzerjager I al porto di Tripoli

Di fatto, si trattò di un primo tentativo di adattamento del mezzo, basato sulla rimozione della torretta, seguita dall'applicazione di una piastra corazzata sulla parte anteriore del cerchio di rotolamento della torretta, in grado di creare una piccola piattaforma sul cofano del motore. Il cannone fu montato in uno scudo lasciato aperto nella parte superiore e in quella posteriore. L'equipaggio comprendeva il pilota e due serventi per il cannone. Questi carri pestarono servizio nella campagna ad occidente, in Africa e Russia nei Panzerjager Abteilungen. Alcune fonti, non confermate, riportano anche che alcuni di essi montarono un cannone Pak 38 L/60 da 50 mm dopo il 1940. Fu il primo mezzo anticarro - o cacciacarri - prodotto durante la guerra. Tuttavia per la mancanza di protezione per l'equipaggio, che lo rendeva un bersaglio molto vulnerabile, quando si rese disponibile materiale più appropriato, venne ritirato dal servizio di prima linea e assegnato a compiti di polizia più che di combattimento carrista.

Figura 30. Panzerjager I in azione

Sturmpanzer I Bison (Sd.Kfz.101)

Ogni battaglione di fanteria tedesco disponeva di una piccola unità di artiglieria di quattro obici leggeri da 75 mm e due obici per fanteria da 150 mm. L'obice da 150 mm divenne noto come sIG 33[4] (*schwere Infanterie Geschütz 33*, ossia pezzo di artiglieria pesante per fanteria) e fu un'arma molto utile e versatile, ma pesante, considerato che l'unico mezzo assegnato alla maggior parte delle formazioni di fanteria per trasportare a traino tali armi era costituito da pariglie di cavalli. Appena ebbe inizio la parziale meccanizzazione dell'esercito, il sIG 33 fu uno dei primi pezzi di cui si esaminò la possibilità di renderlo semovente. Il primo sIG 33 semovente fu impiegato nel 1940 nella campagna di Francia. Costituito soltanto da un sIG 33 montato, completo di affusto e ruote, su un Panzer I privato della torretta, e definito *sIG 33 15 cm auf Geschützwagen I Ausf* B, fu uno dei più semplici semoventi tedeschi. Per fornire protezione all'equipaggio, il mezzo fu dotato di scudi corazzati. La trasformazione non fu molto soddisfacente perché il centro di gravità era piuttosto alto e il telaio sovraccarico; inoltre, la protezione fornita dalla corazza del carro era insufficiente. Prevedeva un equipaggio di cinque uomini e poteva trasportare tre soli colpi da

[4] Questo cannone sparava granate da 25 kg ad una velocità di 280 m/s, capaci di perforare 148 mm di corazza (inclinata a 30°) a 2.000 metri di distanza.

mortaio e soltanto tre fra gli uomini dell'equipaggio erano a bordo del carro; gli altri due erano a fianco ad esso su un semicingolato con le altre munizioni.

Figura 31. Sturmpanzer I

L'equipaggio era protetto solo dallo scudo del cannone, composto da tre piastre da 10 mm ciascuna, aperto sul lato posteriore e superiore. Pesava 11,5 tonnellate, montava un motore Praga da 150 hp a sei cilindri. Aveva una velocità massima di 35 km/h per un'autonomia di 185 km. Poteva superare un guado di circa 0,9 metri. Le sue dimensioni erano: 4,83 metri di lunghezza; 2,15 metri di larghezza e 2,4 metri di altezza. La Alkett ne convertì 38 tra il gennaio e il febbraio 1940 nei suoi stabilimenti di Berlino. Il cannone e la sovrastruttura appesantivano molto la struttura generale del carro, conferendogli scarsa mobilità. L'idea alla base del progetto fu quello di fornire la fanteria di unità di artiglieria mobili. Lo Sturmpanzer prestò servizio nella campagna in occidente, in Russia e nei Balcani con la 701-706 sIG (Sf) Kompanien, ognuna delle quali con sei veicoli, all'inizio aggregate alle Panzer Divisionen. Le ultime vennero tolte dal servizio alla fine del 1943, come la 704^ compagnia della 5^ Panzer Division.

Nuove frontiere

Il Panzer I Ausf A Bruckenleger fu un tentativo di usare questo carro come un ponte o una rampa. Si sa con certezza che ne furono adattati solo due: la sua sospensione non era tuttavia idonea per la funzione che avrebbe dovuto assolvere.

Figura 32. Panzer I Bruckenleger

Una simile idea fu in seguito ripresa per i Panzer II e III. Questo mezzo ibrido venne originariamente concepito come un cingolato leggero per l'assistenza e il rifornimento delle truppe. Si ricavò rimuovendo la torretta dall'Ausf B e doveva essere un veicolo che potessero anche offrire riparo alle truppe, tant'è che venne usato sino al 1941, quando poi però ci si accorse che era troppo piccolo per poter essere utilizzato da più uomini. Fu quindi ritirato alle unità e ribattezzato Fahrerschulewagen I, o veicolo di addestramento per piloti. Fu usato in questo ruolo fino alla fine della guerra e molti Panzer I Ausf A furono convertiti a questo scopo dopo il ritiro dal fronte.

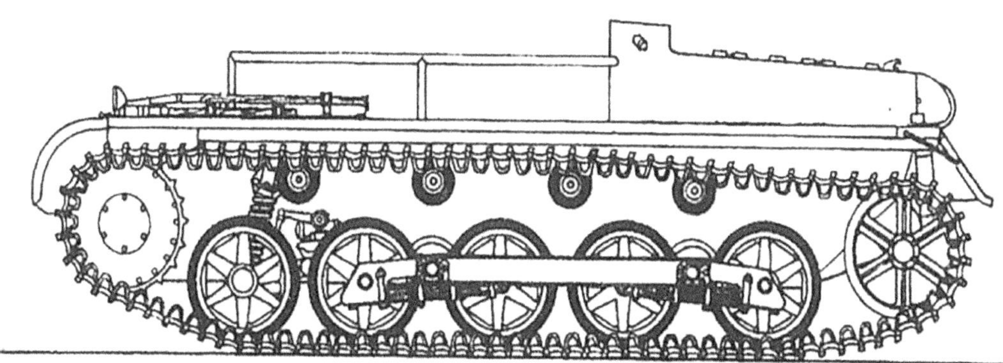

Figura 33. Fahrerschulewagen I

Considerazioni finali

I Panzer I vennero usati abbondantemente nelle manovre belliche, nelle parate e negli eventi propagandistici, come i congressi del partito a Norimberga, e poi durante la campagna di Polonia, di Francia e in nord Africa. In Polonia i Panzer I costituivano il nerbo delle forze corazzate germaniche e ne erano in servizio 1.445, il 50 per cento del totale. Quelli che vennero poi inviati in Africa furono equipaggiati con filtri più grandi e con un sistema di ventilazione perfezionato e adattato all'ambiente desertico. Il Panzer I era un carro piccolo, creato come mezzo da addestramento per le prime Panzer Divisionen, ma non si credette mai di utilizzarlo in battaglia, anche se alla fine lo si fece fino al 1942, seppur con varie mansioni. Era economico da produrre, veloce e facilmente manovrabile, anche se la sua protezione e il suo armamento lasciavano molto a desiderare. Fu comunque il primo veicolo da combattimento prodotto su larga scala nella storia dei mezzi corazzati germanici, oltre vent'anni dopo le analoghe massicce produzioni di carri da parte di inglesi e francesi. Nei primi mesi del 1942 fu tolto dal servizio attivo in guerra e lo si destinò alle unità di polizia e quelle anti-partigiane. I Panzer senza sovrastruttura vennero poi dati alle organizzazioni paramilitari come la NSKK (corpo motorizzato nazionalsocialista) per scopi addestrativi. Infine, 511 torrette dei Panzer I vennero utilizzate nelle postazioni fortificate del vallo atlantico, di quello della Pomerania e nell'area di Kostrzyn. Notevole fu anche l'uso propagandistico: fu presente pressoché in ogni parata o congresso del partito nazionalsocialista (NSDAP) e giocò un ruolo importante nella manifestazione al popolo tedesco degli intenti militaristici del Terzo Reich.

Le esperienze derivate dall'uso e dai test effettuati sui Panzer I furono molto importanti per i disegnatori e progettisti tedeschi, e saranno messe a frutto sulla nuova generazione di carri che stavano per nascere. Anche se le sue capacità belliche erano ridotte, fu un eccellente carro da addestramento, su cui si formarono la maggior parte degli effettivi della *Panzertruppe*, sia nell'addestramento che nel combattimento. Ciò avvenne soprattutto in Spagna, quando era l'unico mezzo corazzato a disposizione degli equipaggi.

Figura 34. Panzer I in Norvegia

In ultima analisi, si riporta il riassunto di tutte le conversioni che questo carro subì; la maggior parte sono state illustrate all'interno del capitolo. E' evidente come in questi anni i tedeschi stessero recuperando velocemente lo svantaggio patito negli anni Venti e nei precedenti. Anche la dipendenza dai modelli stranieri stava pian piano svanendo e si iniziavano a proporre soluzioni autonome, alcune delle quali assolutamente geniali. I progressi degli anni Trenta furono poi così rapidi da creare un divario quasi incolmabile fra i mezzi germanici e quelli degli altri Paesi. I progettisti tedeschi furono i primi a comprendere l'utilità di mezzi specifici, creati per precise mansioni e situazioni, da usare solo in quei casi. Tutto ciò avrà due importanti conseguenze: una grande specializzazione nell'esercito e nei reparti e una prima massiccia meccanizzazione di tante azioni che prima erano destinate unicamente ai soldati. Un fattore che eviterà lo spreco di molte vite umane e metterà i tedeschi in condizione di poter superare con più facilità dei nemici particolari situazioni di difficoltà. Nella realizzazione di questi mezzi si cercava di conciliare più caratteristiche: velocità, protezione, armamento, minor logorio di uomini e mezzi possibile, potenza di fuoco, capacità di adattamento. Nessun esercito aveva ancora raggiunto tale concezione di guerra, e sarà proprio questo l'asso nella manica di Hitler: aver creato un nuovo modo di combattere e aver obbligato il nemico a stravolgere il proprio. I risultati di questa evoluzione si riveleranno subito positivi: nei primi tre anni di guerra non vi fu nessuna sconfitta per le truppe del Reich. Anche se poi i principali contendenti sapranno riprendersi.

Figura 35. Panzer I Ausf B in Norvegia

Conversioni

Munitionsschlepper I Ausf A (Sd.Kfz.111) – Carro leggero per trasporto munizioni
Munitionsschlepper I Ausf A/B – Trasporto carichi o munizion
Kleine Panzer Befehlswagen I (Sd.Kfz.265) – Carro commando leggero
Sanitatskraftwagen I (Sd.Kfz.265) – Ambulanza corazzata
Pionier-Kampfwagen I – Carro del Genio
Panzerjager I (Sd.Kfz.101) - Cacciacarri con Pak da 47 mm
Panzerjager I – Cacciacarri con Pak da 37 mm
Sturmpanzer I Bison (Sd.Kfz.101) - 150mm sIG 33 obice semovente per sostegno ravvicinato alla fanteria
Leichte Bergepanzer I – Mezzo leggero da recupero
Instandsetzungstrupp I – Veicolo da recupero o trasporto truppe
Fahreschulewagen / Schulfahrzeuge I – Carro d'addestramento
Ladungsleger auf PzKpfw I Ausf A/B (zerstorerpanzer) – Carro del genio per disporre cariche esplosive
Minenraumer I Ausf B – Mezzo anti-mine (50 mezzi prodotti nel 1938)
Brueckenleger I auf PzKpfw I Ausf A – Ponte mobile (2 prodotti nel 1939)
Flakpanzer I Ausf A (Sd.Kfz.101) – Carro antiaereo con Flak 38 da 20 mm
Flammemwerfer auf PzKpfw I Ausf A – Carro con lanciafiamme

Panzerkampfwagen II

La nascita

Nel luglio 1934 la Waffenamt predispose lo sviluppo di un veicolo corazzato di 10 tonnellate di peso, armato con un cannone automatico da 20 mm. L'obiettivo era quello di colmare le lacune relative alla progettazione di carri pesanti, a cui si pensò di porre temporaneamente rimedio con la produzione di un carro leggero più completo del Panzer I. In realtà lo scopo venne raggiunto solo a metà. All'inizio del 1935 le industrie a cui era stato commissionato tale lavoro – Krupp, Daimler, MAN e Henschel (queste ultime due solo per lo sviluppo del telaio) – presentarono i loro prototipi di *Landwirtschaftlicher Schlepper 100* (LaS 100, ossia trattore agricolo) per una valutazione da parte dell'esercito. Il nuovo mezzo era conosciuto anche come *2cm MG Panzerwagen* e come VK 622 (*Versuchkraftfahrzeug 622*). Questo nuovo carro avrebbe dovuto rimpiazzare il Panzer I: era infatti dotato di un armamento più pesante, con maggiore capacità distruttiva. La Krupp fu la prima a presentare il progetto, ma alla fine fu scelto quello della MAN (per il telaio) e della Daimler (per la sovrastruttura).

Figura 36. Panzer I e II

Nell'ottobre 1935 si fecero i primi test su uno di questi carri in acciaio tenero e ne furono ordinati dieci, designandoli come Ausf a1. Dalla fine del 1935 al maggio 1936 la MAN si occupò della loro produzione; in seguito vi lavorarono anche la Famo di Breslau (1936-1943), la MIAG di Brunswick (1936-1940) e la Wegmann di Kassel (1935-1941). Il Panzer II (Sd.Kfz 121) era più largo del Panzer I ma era ancora un carro leggero da addestramento; lo troviamo però in campo nei primi tempi della guerra a causa del ritardo nella produzione dei più avanzati Panzer III e IV. Come il Panzer I, non si dimostrò molto efficace in battaglia, malgrado costituì il carro di cui le Panzer Divisionen furono maggiormente dotate fino al 1940/41. Malgrado la complessiva inefficienza sul campo, il suo sviluppo costituì un punto importante nella progettazione e realizzazione dei carri più potenti che sarebbero arrivati ben presto. In caso di rapide ricognizioni, piccole azioni di polizia o antipartigiane - che non vedessero comunque l'opposizione di altri mezzi corazzati - il carro si dimostrò discretamente all'altezza. Come nel caso del Panzer I, il suo telaio divenne la base per diverse conversioni, fra cui il cacciacarri Marder II e il Wespe; altri usavano diversi suoi pezzi o componenti, come il Flammenpanzer II, lo Schwimmpanzer II o lo Sturmpanzer II Bison, di cui avremo modo di parlare in seguito. Anche la stessa sospensione venne utilizzata nella conversione di veicoli corazzati o semicingolati, come il Maultier. La Krupp lavorò anche al progetto per utilizzare il suo scafo come base per il Waffentrager, un pezzo di artiglieria smontabile, armato con un mortaio leFH da 105 mm. All'inizio del 1943 la Rheinmetall montò poi sul telaio del Panzer II un mortaio sovietico da 120 mm del 1938, nell'ambito dei test sui carri con armamento rigido.

Lo sviluppo

Uno dei principali punti deboli di questo carro era costituito dalla scarsa protezione, già abbondantemente superata al momento dello scoppio della guerra. Non offriva infatti protezione per armi più pesanti di quelle in uso alla fanteria o schegge di artiglieria; uno dei punti più vulnerabili in tal senso era la torretta, per la cui protezione venne in seguito aggiunta un'ulteriore piastra corazzata. Il cannone automatico da 20 mm era al passo con i tempi al momento della produzione del carro, ma era superato già nel 1939: era efficace solamente verso obiettivi non corazzati, in caso contrario i suoi effetti erano molto limitati. Già dopo la vittoria sulla Francia si studiò il progetto per riarmare tutti i Panzer II con i cannoni SA 38 da 37 mm, catturati in gran numero durante la campagna, ma alla fine furono installati solo su pochi esemplari che prestarono servizio in Russia. Tutte le varianti del Panzer II, dall'Ausf a1 all'Ausf F, vennero armate con un KwK 30 L/55 da 20 mm, derivato dallo sviluppo del cannone antiaereo Flak 30 da 20 mm, con un volume di fuoco di 280 colpi al minuto. Il raggio di azione massimo di quest'arma era di 600 metri. Era coadiuvato da una MG34 da 7,92 mm della Rheinmetall. Il cannone era adatto a installare vari modelli di puntamento TZF4. La torretta era spostata sulla sinistra e aveva dapprima il portello per l'entrata del comandante, poi sostituito dalla creazione di un'apposita cupola.

Figura 37. Panzer I e II

Nello scompartimento del carro erano immagazzinati 180 colpi per il cannone e 2.250 per la MG34, in 17 cinture. Oltre tutto, alcuni carri potevano sparare granate fumogene, così da potersi ritirare in maniera più sicura. L'equipaggio era formato da tre uomini: il pilota, sulla parte anteriore dello scafo; il comandante (che si occupava anche del cannone) nell'apposita torretta e l'addetto alle munizioni (e addetto radio) che operava nel piano sottostante la torretta. Il comandante comunicava con il pilota attraverso un tubo, a voce. Per la comunicazione si usava una FuG5 USW per ricevere e una radio da 10 watt per trasmettere. I primi modelli montavano nella parte anteriore una piastra arrotondata, poi sostituita da due piastre corazzate, saldate a formare un angolo, inclinate a 70°. Anche la capacità del serbatoio variò nel tempo: fino all'Ausf F ogni carro trasportava 200 litri di carburante, poi li si ridusse a 170 litri.

I carri inviati in Nord Africa nelle file dell'Afrika Korp vennero modificati con l'aggiunta di un sistema di ventilazione potenziato e un sistema di filtri adatto per l'ambiente secco e sabbioso. Diversi furono i Panzer II che vennero riadattati, convertiti, riarmati con lo scopo di tenerli in linea il più a lungo possibile. Si vennero così a creare diverse varianti ibride.

Tutte le varianti

L'Ausf a1, a2 e a3 furono tutti veicoli di pre-produzione, che furono realizzati per scopi addestrativi e valutativi in vista della produzione definitiva: tuttavia entrarono in servizio malgrado molti dei loro problemi tecnici non fossero stati risolti e rimasero in linea quasi fino alla fine del 1941. Ogni variante di questo carro ebbe diverse modifiche nel disegno, nel motore, nell'impianto di raffreddamento e si adottarono diverse soluzioni per risolvere più o meno temporaneamente questi problemi. La loro sospensione derivava comunque da quella del Panzer I ed era composta da tre paia di rotelle da strada; tutte queste prime tre versioni montavano un motore Maybach HL 57 TR a 6 cilindri da 130 hp, a 6 marce, con la trasmissione ZF Aphon SSG45. I carri avevano un'autonomia di 200 km e la protezione oscillava dai 5 ai 13 mm. L'Ausf a2 aveva un sistema di raffreddamento del motore migliore del suo predecessore e l'Ausf a3 aveva subito modifiche anche ai cingoli e alla sospensione. Tutti montavano una radio FuG5. Si produssero 75 di questi carri: 10 Ausf a1 (fine 1935 - maggio 1936), 15 Ausf a2 (maggio 1936 - febbraio 1937) e 50 Ausf a3 nello stesso periodo dalla Daimler e dalla MAN (numero di telaio 20001-20075). Il costo di ogni Ausf a fu di 52.640 ReichsMarks. Nel 1935 si fecero 25 Ausf a1 (numero di telaio 20001-20025), altrettanti Ausf a2 (numero di telaio 20026-20050) e nel 1936 si fecero 50 Ausf a3 (numero di telaio 20051-20100). Questa prima serie venne conosciuta anche come 1/La S 100.

Figura 38. Panzer II Ausf a1

Anche l'Ausf b (2/La S 100) fu essenzialmente un veicolo di pre-produzione, che introduceva qualche modifica per cercare di ovviare ai problemi che avevano colpito la precedente serie. Se ne produssero però solo 25 dalla MAN e dalla Daimler da febbraio a marzo 1937 (numero di telaio 21001-21025). Montavano la stessa sospensione, anche se modificata, così come per il sistema di raffreddamento, la trasmissione, l'apparecchio radiofonico e il sistema di scarico. Il motore era un Maybach HL 62 TR a 6 cilindri di 140 hp di potenza (questo motore diverrà d'ora in poi quello standard per ogni Panzer II), con un'autonomia di 200 km. La protezione rimase invariata mentre i cingoli erano più larghi.

Nel marzo del 1937 apparve la nuova variante: l'Ausf c (3/La S 100). Presentava qualche modifica e una sospensione nuova: le piccole ruote a carrello erano state sostituite da cinque carrelli a sospensione indipendente con molle a balestra per ciascun lato (tipo di sospensione base che fu montato su tutti i restanti veicoli in produzione); soluzione che sarà mantenuta per ogni Panzer II. Le versioni immediatamente successive a questa – la Ausf A, B e C (rispettivamente 4/La S, 5/La S e 6/La S) – si basavano essenzialmente su l'Ausf c, ma furono queste ad essere prodotte in gran numero.

Figura 39. Panzer II Ausf B in Norvegia

Queste ultime quattro varianti non presentavano marcate differenze fra loro: a tutte venne aumentato lo spessore della corazza, che raggiungeva ora i 16 mm. Tutte avevano una sospensione di sei piccole rotelle per lato, poi ridotte a cinque o quattro rotelle di medio diametro nelle successive varianti.

Nel maggio del 1940, dopo le prime esperienze di guerra, in particolar modo a fronte della potenza di talune artiglierie anticarro, si decise di aumentare ulteriormente la protezione con piastre corazzate da 20 mm, installate frontalmente e altre di 15 mm sui lati e sulla torretta. Lo scompartimento del pilota venne spostato maggiormente a sinistra e furono aperti tre portelli frontalmente, per una miglior visuale. L'operatore radio era posto dietro lo scompartimento di lotta e poteva giovarsi di un proprio portello sul retro. La radio installata era sempre la stessa. Tutte queste varianti pesavano 8,9 tonnellate e avevano un'autonomia di 200 km. Montavano un motore Maybach HL 62 TR con trasmissione ZF Aphon SSG45. Dal marzo del 1937 all'aprile del 1940 la MAN, la Alkett, la Henschel, la Daimler, la MIAG e la FAMO ne produssero complessivamente 1.113 (numero di telaio 21101-27000). Il costo di ogni singolo carro, armamento escluso, si aggirava intorno ai 38.000 RM. Come detto, i telai delle varianti Ausf A, B e C vennero usati per l'assemblaggio del cacciacarri Marder II. Un'altra interessante conversione fu quella che prevedeva l'utilizzo di un Panzer II Ausf A, B o C montato con una sovrastruttura simile a quella del Marder II, armata con un cannone Pak 38 L/60 da 50 mm, designato come *5cm PaK38 L/60 auf Fahrgestell Panzerkampfwagen II (Sf)*. Fu un progetto che venne preso in esame solo su carta, in quanto in seguito si puntò sulla serie dei Marder.

Figura 40. Panzer II Ausf C

Nel maggio del 1938 la MAN produsse i primi Panzer II Ausf D ed E (*Schnellkampfwagen*, ossia veicoli veloci da combattimento, conosciuti anche come 8/La S 138), destinati alle unità di cavalleria. Avevano nuove sospensioni a barra di torsione grazie alle quali raggiungevano una velocità su strada molto maggiore (56 km/h) benché la velocità fuoristrada fosse inferiore a quella dei precedenti modelli. Da quel momento fino all'agosto del 1939 ne furono prodotti solo 39 (numero di telaio 27001-28000). La scarsa produzione fu dovuta all'inadeguatezza della sospensione del tipo Famo/Christie, simile a quella sviluppata anche da britannici e sovietici. La velocità massima che questi carri potevano raggiungere era di 55 km/h, a fronte dei 40 km/h di tutte le altre varianti. Entrambe le varianti montavano un Maybach HL 62 TRM a 6 cilindri, da 140 hp, con un Variorex VG 102128 della Maybach a 7 marce. La principale differenza tra le due versioni interessava i cingoli e le rotelle da strada (quattro nell'Ausf D); ma differenze erano anche riscontrabili nel disegno. Solo la torretta rimase pressoché inalterata rispetto alle precedenti varianti. La protezione venne aumentata fino a raggiungere i 30 mm.

Figura 41. Panzer II Ausf D

L'idea alla base della realizzazione di questi carri fu quella di dotare le unità di cavalleria di carri veloci da ricognizione ed esplorazione adatti, in caso di necessità, a fronteggiare unità nemiche non corazzate. Perciò prestarono servizio sempre e solo nelle Leichte Divisionen, soprattutto nella campagna di Polonia. Nel marzo 1940, soprattutto a causa della scarsa capacità di affrontare terreni con un fondo irregolare, vennero quasi tutti ritirati dal fronte. I telai e i componenti già preparati per la realizzazione di altri di questi carri, vennero usati per conversioni quali il Flammpanzer II Flamingo (Sd.Kfz 122) o il già citato Marder II.

Nel marzo 1941 la FAMO produsse un altro carro da ricognizione per le divisioni leggere, vista l'inadeguatezza dell'Ausf D e E. Si tratta dell'Ausf F (7/La S), di cui se ne produssero 524 tra il marzo 1941 e il dicembre 1942, basandosi sull'Ausf C (numero di telaio 28001-28834).

Figura 42. Panzer II Ausf F

Questa fu l'ultima variante della serie del Panzer II. L'armamento era lo stesso degli altri Panzer II, anche se taluni esemplari installarono il più recente cannone KwK 38 L/55 da 20 mm. All'interno dello scompartimento era possibile immagazzinare 180 colpi per il cannone e 2.700 per la mitragliatrice. La protezione era di 35 mm; sempre troppo poco a fronte dell'accresciuta potenza delle artiglierie in campo negli altri eserciti. Il maggior spessore della corazza frontale (35 mm) e laterale (20 mm), ne faceva salire il peso a poco meno di 10 tonnellate, con conseguente riduzione della velocità. Ma non bastò per farne un mezzo competitivo. Furono modificate anche la parte frontale della sovrastruttura, la sospensione e la cupola del comandante. Il costo complessivo di ognuno di questi carri era di 52.728 RM.

Dal dicembre 1939 partirono diversi progetti tesi alla realizzazione di un carro veloce specializzato in ricognizioni e brevi puntate offensive basato sul telaio e i componenti del Panzer II. Dall'aprile 1941 all'agosto 1942 furono prodotti prototipi come il VK 901 (Ausf G1, G2 e G3, di cui 12 completati in tutto, numero di telaio 15001-15016), il VK 903 (Ausf H, un solo prototipo ultimato), il VK 1601 (Ausf J, di cui 22 ultimati, numero di telaio 15201-15222), il VK 1301 (Ausf M, una versione migliorata del VK 901 e del VK 1601, di cui un prototipo ultimato).

Figura 43. Panzer II Ausf G

L'Ausf G era armato con una mitragliatrice pesante EW141 da 20 mm e una MG34 da 7,92 mm; l'Ausf J e l'Ausf M, invece, montavano un cannone KwK 38 L/55 ed una MG34. La protezione massima per l'Ausf G, H e M fu di 30 mm; sull'Ausf J si arrivò invece a 80 mm (50 mm ai lati e sul retro e 25 mm nella parte superiore). In questo ultimo caso lo spropositato peso della corazza a fronte della scarsa potenza del motore Maybach HL 45p da 150 hp faceva sì che il carro non potesse superare i 20 km/h. Tutti i modelli furono ideati dalla MAN, ma nessuno di essi entrò in piena produzione e, alla fine, l'intero progetto venne abbandonato a causa delle diverse esigenze che la guerra imponeva. Il VK 901 – ossia l'Ausf G – venne disegnato basandosi sul modello dell'Ausf D con il fine di sostituire l'Ausf F, su cui invece si basava il disegno del VK 903. Nel gennaio 1942 due VK 901 vennero modificati e vi si installò un cannone anticarro Pak 38 L/60 da 50 mm: i due prototipi vennero inviati sul fronte orientale per testarli sul campo. Sulla stessa scia, all'inizio del 1943 si propose di convertire il VK 903 in un cacciacarri con un cannone Pak 42 L/70 da 75 mm. Al veicolo venne dato il nome di *7,5cm Pak 42 L/70 mit Kugelblende auf VK 903*; non ne fu però prodotto neanche uno. L'Ausf H e l'Ausf M montavano un motore Maybach HL 66 P, che poteva far raggiungere al carro la notevole velocità di 65 km/h. Questo era uno dei principali pregi del carro. Il 30 aprile 1941 venne stilato il "Panzerprogramm 41", che stilava le previsioni per la produzione dei carri in base alle richieste dei comandi e alle necessità in relazione alle altre armi. Era prevista la costruzione di 3.500 *Gefechtsaufklarungs* (ossia dei mezzi corazzati pesanti da ricognizione adatti ad operare in condizioni di duri combattimenti), 10.950 carri da ricognizione e 2.003

posti di osservazione, tutti basati sull'Ausf H; ma nel settembre 1942 le previsioni di questo piano vennero cancellate.

Figura 44. Panzer II Ausf J

Figura 45. Panzer II Ausf M

Pochi furono gli esemplari prodotti fra queste ultime varianti. Nel 1943 furono assegnati sette Ausf J alla 12^ Panzer Division, schierata sul fronte orientale. L'anno seguente uno di questi venne convertito in un veicolo da traino o recupero, il Bergepanzer II Ausf J. Qualche tempo dopo questo carro servì nella Panzer Werkstatt Kompanie (una compagnia specializzata nelle riparazioni sulla linea di combattimento) della 116^ Panzer Division.

Modello	Ausf A/B/C (Ad.Kfz. 121)	Ausf F (7/LaS)	Ausf L (Luchs)
Peso	8,9 tonnellate	9,5 tonnellate	11,8 tonnellate
Equipaggio	3 uomini	3 uomini	4 uomini
Motore	Maybach HL 62 TRM / 6 cilindri / 140 hp	Maybach HL 62 TRM / 6 cilindri / 140 hp	Maybach HL 66 P / 6 cilindri / 180 hp
Velocità	40 km/h	40 km/h	60 km/h (42 km/h fuori strada)
Autonomia	200 km strada / 125 fuori strada	200 km strada / 100 fuori strada	260 km strada /175 fuori strada
Capacità serbatoio	170 litri	170 litri	235 litri
Dimensioni (in metri)	4,81 / 2,28 / 2,02 (h)	4,75 / 2,28 / 2,15 (h)	4,63 / 2,48 / 2,21 (h)
Armamento	KwK 30 o 38 L/55 da 20 mm + MG34 da 7,92 mm coassiale	KwK 30 L/55 da 20 mm + MG34 da 7,92 mm coassiale	KwK 38 L/55 da 20 mm + MG34 da 7,92 mm coassiale
Munizioni	Cannone: 180 colpi MG34: 3.525 colpi	Cannone: 180 colpi MG34: 2.700 colpi	Cannone: 320 colpi MG34: 2.280 colpi
Protezione	5-16 mm	5-30 mm	5,5-30

Tutti questi progetti contribuirono infine al disegno del Panzerspahwagen II Ausf L Luchs. Nel 1942 la Skoda costruì un prototipo di T-15, o Panzerspahwagen II Auf Skoda, da contrapporre al VK 1303, ma il suo disegno venne rifiutato. C'era anche il VK 1602 Leopard, basato sull'Ausf J, disegnato al fine di sostituire (se ce ne fosse stato bisogno) il Luchs. Il Leopard rispondeva pienamente alle caratteristiche richieste per un mezzo pesante da ricognizione capace di operare in dure condizioni di combattimento, ma il progetto non convinse e venne tralasciato.

Impiego bellico

Il Panzer II fu il primo carro ad essere consegnato alle unità delle divisioni nella primavera del 1936 e rimase in servizio fino al 1942. Dopo quella data continuò la sua opera nella seconda linea, con diversi compiti, ma principalmente come veicolo d'addestramento. In origine avrebbe dovuto essere il mezzo con cui equipaggiare le prime divisioni corazzate, soprattutto le compagnie e i plotoni, ma poi fu presto inviato anche ai battaglioni. Alcune fonti parlano poi anche di un piccolo numero di questi mezzi (quasi sicuramente Panzer II Ausf A e B dell'88° Panzer Abteilung della Legione Condor) presero parte alle operazioni belliche della guerra civile spagnola; fonti, però, prive di conferma. Le prime azioni a cui presero sicuramente parte furono le pacifiche annessioni dell'Austria e della Cecoslovacchia.

Figura 46. Panzer II in marcia

Il battesimo del fuoco lo si ebbe poi al momento dell'invasione della Polonia. In seguito, con la riorganizzazione delle divisioni corazzate del 1940/41, furono relegati al ruolo di mezzi da ricognizione. Questa disposizione venne generalmente eseguita, anche se in certi casi vennero effettivamente usati in prima linea sia sul fronte occidentale che nelle prime settimane dell'invasione della Russia. Malgrado il massiccio ritiro avvenuto nel 1942, la maggior parte dei Panzer II rimasero negli effettivi delle divisioni fino al 1943. Alcuni di essi erano ancora in servizio al momento dello sbarco in Normandia nel 1944, o nel 1945 intorno a Berlino. Furono 1.223 i Panzer II che presero parte all'invasione della Polonia nel 1939, costituendo la percentuale maggiore dei carri tedeschi di quel momento. Di questi, se ne persero 83, di cui 32 nella battaglia di Varsavia. Solo 18 Panzer II presero parte all'invasione della Norvegia nel 1940, nelle file del Pz.Abt.z.b.V. 40, dove agirono di supporto alla fanteria. Il 10 maggio 1940 erano 920 i carri pronti per l'attacco ad ovest, mentre ne rimanevano 260 per l'operazione "Marita" nei Balcani del 6 aprile 1941. Il 22 giugno

1941 furono 782 i Panzer II che passarono la frontiera sovietica. Proprio nell'ambito dell'operazione "Barbarossa" furono persi la maggior parte di questi mezzi, soprattutto durante gli scontri carro contro carro. Nell'estate del 1942 ne erano rimasti solo 381 e nel luglio del 1943 (operazione "Zitadelle") ce n'erano solo 107. Le sole divisioni di SS ad essere dotate di questi mezzi furono la Panzer Grenadier Division Leibstandarte "Adolf Hitler", la "Das Reich" e la "Wiking"; tutte schierate sul fronte orientale. La Leibstandarte ricevette i primi Panzer II Ausf F tra l'inverno del 1942 e la primavera del 1943. Anche il Nord Africa vide operare i Panzer II fino al 1943: Rommel fu infatti costretto a tenerli sempre in linea a causa della difficoltà nel ricambio dei mezzi e dei rifornimenti tra l'Italia e l'Africa settentrionale. La Germania poi equipaggiò alcune formazioni dell'esercito slovacco con questi mezzi, mentre si parla che anche l'esercito albanese li ebbe in dotazione (forse tramite la Romania) dopo la fine della guerra. Oggi possiamo vedere alcuni Panzer II e Luchs al museo dei carri di Bovington (UK); a Saumur (Francia) possiamo vedere un Ausf C e un Luchs, un Ausf F è presente al museo delle forze armate di Kubinka (vicino Mosca). Un altro Panzer II è esposto al Panzermuseum di Munster in Germania, così come al museo di Belgrado e presso l'Aberdeen Proving Grounds nel Maryland (USA).

Panzerspahwagen II Ausf L Luchs (Sd.Kfz 123 - VK 1303)

Questo carro rappresenta il culmine della progettazione dei carri di questa serie. Si tratta di un carro veloce da ricognizione prodotto dalla MAN e, in piccolo numero, anche dalla Henschel dal settembre 1943 al gennaio 1944: se ne fecero 104 (alcune fonti ne menzionano 133) a fronte di un ordine di 800 carri (numero di telaio 200101-200200). La MAN creò il telaio e la Daimler la sovrastruttura e la torretta. Il Luchs derivava dallo sviluppo del VK 901 (Ausf G), con sospensione a barra di torsione simile a quella del Tiger e dei Panther ed estese migliorie allo scafo e alla torretta. Era azionato da un motore Maybach HL 66 P a 6 cilindri, per 180 hp di potenza, con trasmissione ZF Aphon SSG48. Pesava 13 tonnellate e aveva un'autonomia di 290 km. Vi operavano un pilota, un addetto al cannone, un operatore radio e il comandante. Le radio installate erano due: una FuG12 MW per la ricezione e una FuG Spr da 80 watt per la trasmissione. Questo carro prestò servizio fino alla fine della guerra su entrambi i fronti presso i Panzer Aufklarungs Abteilungen della Wehrmacht (116^ Panzer Division ad ovest; 3^, 4^ e 6^ Panzer Division ad est) e delle Waffen SS (3^ SS Panzer Division Totenkopf e 5^ SS Panzer Division Wiking sul fronte orientale). I mezzi destinati al fronte russo furono dotati di un'ulteriore piastra corazzata per aumentarne la protezione.

Figura 47. Panzerspahwagen II Ausf L Luchs

Un piccolo numero di questi venne anche adattato ad ospitare un particolare equipaggiamento radiofonico e servirono come veicoli da ricognizione e comunicazione. I Luchs avrebbero dovuto essere armati con un cannone KwK 39 L/60 a 50 mm, anche se venne effettivamente prodotta solo la variante con il cannone KwK 38 L/55 da 20 mm, con cadenza di fuoco di 420-480 colpi al minuto. Questo cannone aveva il TZF6 come dispositivo di puntamento. Vi furono anche dei piani per progettare una sua versione come carro da recupero, il Bergepanzr Luchs, ma non li si creò mai. Si progettò anche su questa linea un Flakpanzer Luchs, usando un telaio allungato, armato con un cannone Flakvierling da 20 mm o con un Flak 36 da 37 mm; il progetto (VK 1305) rimase incompiuto.

Le altre conversioni

Uno dei veicoli più interessanti fu lo speciale modello anfibio sviluppato per l'invasione dell'Inghilterra nel 1940, in grado di raggiungere i 10 Km/h di velocità grazie ad un'elica azionata dal motore principale. Venne anche prodotto un modello con due lanciafiamme denominato Flammpanzer II (100 esemplari erano in servizio nel 1942). Quando il carro base risultò ormai obsoleto, lo scafo venne rapidamente re-impiegato per altri ruoli. Uno fu il semovente controcarri che utilizzava il cannone sovietico di preda bellica da 76,2 mm e che venne chiamato Marder I. A questo fece seguito il modello Marder II, armato di un cannone controcarro tedesco da 75 mm; circa 1.200 Marder II vennero ottenuti attraverso questa trasformazione o costruiti ex novo. Il Wespe, infine, fu un semovente sul quale venne installato un obice da 105 mm, che fu prodotto in Polonia fino al 1944. Di seguito un breve riepilogo, tenendo presente il fatto che pressoché tutte le conversioni di cui stiamo per parlare, sono molto simili a quelle già operate con le varianti dei Panzer I.

Panzerbefehlswagen II

Era un carro comando, di cui se ne crearono 200 a partire dagli Ausf B. La torretta era fissa e montava due radio: la FuG2 e la FuG6. Di questi, 96 parteciparono all'invasione della Polonia.

Panzerkampfwagen II Flammpanzer Ausf A & B (Sd.Kfz. 122)

Ne furono costruiti 112 e 43 derivarono dalla conversione degli Ausf D e Ausf E (gennaio 1940 - marzo 1942; numero di telaio 27001-28000). Infatti 30 di essi erano già stati ritirati nel marzo 1940 dalle file della 7^ e 8^ Panzer Division per essere convertiti a questo scopo. Ma già il 21 gennaio 1939 la *Waffenamt* stipulò un contratto con la MAN e la Wegmann per costruirne altri 90 esemplari: i primi 16 furono pronti il 19 luglio 1940 (la MAN produsse 46 telai e la Wegmann li convertì poi tra l'aprile e il settembre 1939). Si volle poi ordinarne altri 90 per l'agosto del 1941, ma alla fine tale disposizione non venne attuata per usare i telai come base per i Marder II. Il carro aveva una MG34 sulla torretta e due lanciafiamme montati più in basso. I serbatoi con il liquido infiammabile erano installati dietro i lanciafiamme. Avevano una traversa di 180° e un'elevazione compresa fra i 10° e i 20°. I lanciafiamme potevano anche essere azionati da un pannello elettronico situato nella torretta. Potevano emettere circa 80 fiammate di 2 o 3 secondi l'una. Furono comunque impiegati principalmente come veicoli da supporto per la fanteria e destinati ai Panzerabteilung (F) 100 e 101, che parteciparono all'operazione "Barbarossa" rispettivamente con la 18^ e 7^ Panzer Division. Rimasero in servizio fino alla fine del 1941, quando vennero usati per essere convertiti in Marder II. Alcune torrette dei Flammpanzer II (o "Flamingo") vennero utilizzate anche nelle postazioni difensive in Norvegia.

Figura 48. Flammpanzer II Ausf A

150 mm sIG33 auf Fahrgestell Panzerkampfwagen II (Sf)

Il telaio del Panzer II, come in altri casi, venne usato come base per un carro d'assalto che montasse una sovrastruttura aperta. Un primo prototipo venne testato a Kummersdorf il 13 giugno 1940 e, in seguito, anche a dicembre. Poi la Alkett costruì un altro prototipo, basato sul Panzer II Ausf B, che non offriva però uno spazio adeguato per manovrare il cannone e assorbirne il rinculo. Nel febbraio 1941 tuttavia si accettò di produrre lo Sturmpanzer II basato sul primo prototipo: così, tra luglio e agosto, partì l'ordine di produzione. Ovviamente per ospitare l'obice il telaio fu allungato (60 cm) e allargato (32 cm) e così si divette anche aggiungere un'altra rotella da strada. Alla fine la Alkett ne produsse solo 12: sette nel 1941 e altri cinque all'inizio del 1942. La maggior parte dei componenti usati rimasero gli stessi del Panzer II, tranne il motore che fu un Bussing-NAG da 8 cilindri per 155 hp di potenza. L'armamento principale era costituito dall'obice pesante da 150 mm, il sIG 33 L/11, installato in una sovrastruttura aperta nella parte superiore e posteriore. Il cannone aveva un raggio di 4.700 metri e poteva raggiungere un'elevazione massima di 75°. Tuttavia, il suo raggio di tiro ad alzo zero era piuttosto limitato: i risultati migliori li offriva come cannone da fanteria o mortaio pesante; poteva trasportare solo dieci colpi.

Figura 49. Sturmpanzer II Bison

Il peso dell'arma faceva crescere la mole complessiva del carro a 16 tonnellate, limitando fortemente le prestazioni del motore, soprattutto la velocità fuori strada. I mezzi furono tutti inviati in Nord Africa alla 707^ e 708^ sIG Kp (SF), ossia compagnie di artiglieria pesante. Presero parte nell'offensiva di primavera sulla linea di Gazala nel 1942. Ognuno aveva una radio FuG2 installata e il cannone aveva un raggio di 4,7 km. Già dal 1942, poi sempre più col peggiorare della situazione in Africa settentrionale, gli Sturmpanzer II soffrirono per le cattive condizioni del suolo ove erano costretti ad operare e per la mancanza di pezzi di ricambio, così fu difficile mantenerli operativi. Alla fine vennero abbandonati in Tunisia nel maggio 1943 e gli inglesi ne catturarono sei. Gli obici da 150 mm vennero installati nelle officine del DAK anche sui telai di alcuni Panzer III, in conversioni temporanee sul campo, a volte insieme all'intera sovrastruttura. La tabella mostra le differenze tra la conversione ottenuta a partire dal Panzer II da quella ottenuta dal Panzer I.

	15 cm siG33 (SF) auf PzKpfw I Ausf B	15 cm siG33 auf Fahrgestell PzKpfw II (SF)
Equipaggio	4 uomini	4 uomini
Peso	8.5 tonnellate	11.2 tonnellate
Dimensioni (lun/lar/alt)	4,83 / 2,8 / 2,4 metri	5.41 / 1,9 / 2,6 metri
Armamento	150 mm sIG33 L/11	150 mm sIG33 L/11 o L/12
Munizioni	25 colpi	30 colpi
Protezione	6-13 mm	5-30 mm
Motore	Maybach NL38TR	Maybach HL 62 TRM
Cilindri	6	6
Potenza	150 hp	155 hp
Marce	5+1	6+1
Traversa	12.5° sinistra, 12.5° destra, manuale	25° sinistra, 10° destra, manuale
Velocità massima	40 km/h	40 km/h
Elevazione obice	da -4° a +75°	da 0° a +50°
Gradino	0,914 metri	0,914 metri
Produzione	1940: 38 conversioni telaio #: 10478-16500 (Alkett)	11/1941 - 12/1941: 12 conversioni

Wespe (Sd.Kfz. 124)

Il carro montava un cannone 10.5 cm le FH 18 M. Si rimanda la trattazione all'apposito capitolo.

Figura 50. Cannone le.FH 18 montato sul *Wespe*

Marder I (Sd.Kfz. 132) & Marder II (Sd.Kfz. 131)

Anche questi due carri sono oggetto di un apposito capitolo, più avanti. Come accennato in precedenza, il Marder I montava un cannone anticarro russo da 76,2 mm, preda bellica; il Marder II, invece, un cannone anticarro Pak 40/2 da 75 mm. Di ques'ultimo se ne convertirono 531 tra il 1942 e il 1943.

Schwimmpanzer II (Schwimmkörper)

A questo carro vennero aggiunti dei meccanismi, sui lati e sulla fronte, che lo dotavano così di capacità anfibie. Tutte le aperture e i boccaporti vennero realizzati a tenuta stagna. Si pensò di realizzare un mezzo con queste caratteristiche in vista dell'invasione dell'Inghilterra. Nel settembre e ottobre 1940 si usarono i Panzer II del Battaglione Corazzato A del 2° Reggimento Corazzato di stanza a Putlos per le conversioni. Si chiese alla Alkett si Berlino, alla Bachmann di Ribnitz e alla Sachsenberg di Roslau di realizzare l'equipaggiamento adatto a questo scopo. Il carro avrebbe dovuto essere in grado di tenere una velocità di 10 km/h in acqua e reggere un mare con vento fino a forza 4. Si realizzarono infine solo 52 di questi mezzi. Lo scafo era diviso in tre parti, realizzate con queste caratteristiche mediante l'introduzione di borse gonfiabili. La torretta e lo scafo erano tenuti insieme da un grande "anello" di gomma, che permetteva la traversa. Il veicolo poteva procedere in immersione fino alla sommità dei cingoli e il cannone poteva fare fuoco anche in acqua. Venne usato solo in Russia, nel settore centrale, da 18° Reggimento Corazzato nel 1941.

Brükenleger

Aveva un ponte, in due parti, che girava su un perno fisso. Quattro servirono nelle fila dei genieri della 7^ Panzer Division in Belgio e Francia.

Pionier-Kampfwagen II (ohne Aufbau)

Era un mezzo da carico e trasporto per le unità del Genio, ottenuto essenzialmente attraverso la rimozione della torretta del Panzer II.

5 cm PaK38 L/60 auf Fahrestell Panzerkampfwagen II (Sf)

Carro simile al Marder II, che montava però un cannone anticarro Pak 38 L/60 da 50 mm, calibro insolito per le armi germaniche.

Panzer Selbstfahrlafette 1c / 5cm PaK38 auf Panzerkampfwagen II (VK901)

Se ne fecero due prototipi nel gennaio 1942 ma la produzione fu annullata in quanto il cannone da 50 mm era poco efficace contro i mezzi in campo nel 1942.

Figura 51. Panzer Selbstfahrlafette 1c / 5cm PaK38 auf Panzerkampfwagen II (VK901)

Di seguito il riepilogo delle conversioni a cui le diverse varianti del Panzer II vennero sottoposte. Da notare la somiglianza con le conversioni effettuare sul Panzer I.

Marder I (Sd. Kfz. 132)
Marder II (Sd. Kfz. 131)
Wespe (Sd. Kfz. 124) artiglieria leggera mobile da 105 mm
Sturmpanzer II Bison - 150mm sIG 33 obice semovente
Beobachtungswagen II Ausf C – carro comando
Munitionsschlepper II – rifornimento munizioni
PzKpfw (Flammpanzer) II Flamingo (Sd. Kfz. 122) (Ausf D/E)
Brueckenleger auf PzKpfw II Ausf b – caro leggero da attraversamento (ponte mobile; tre esemplari prodotti nel 1939)
PanzerSpahwagen II Ausf L Luchs – carro da ricognizione
Schwimmpanzer II Ausf. A-C (20mm gun) – carro anfibio (52 convertiti)
Bergepanzer II Ausf D/E – mezzo da recupero
Ladungsleger II – carro per la disposizione di cariche esplosive
Panzer Beobachtungswagen II – carro da osservazione

Pioner-Kampfwagen II / PzKpfw II ohne Aufbau – carro del Genio
5cm PaK38 L/60 auf Fahrgestell PzKpfw II (Sf) - Ausf A/B/C carro armato con un Pak da 55 mm (controcarro)
Feuerleitpanzer II – carro a fuoco diretto

Osservazioni e commenti

Malgrado le esperienze maturate in Francia avessero già palesato il fatto che il Panzer II fosse un carro ormai superato, il 17 luglio 1941 si decise di aumentare il numero delle divisioni corazzate a 36, come disposto da Hitler. Fu così prevista la costruzione di 4.608 Panzer II per i più disparati compiti: pertanto la sua produzione continuò. Fu questo il motivo che spinse a continuare a puntare, anche se per mansioni secondarie, su un carro non molto diverso dal precedente Panzer I. Non vi erano ancora infatti progetti o mezzi già collaudati su cui poter contare per una produzione così massiccia. Inoltre non va sottovalutato il fatto che questi carri si prestavano bene a svariate conversioni e anche il loro costo non era eccessivo.

Figura 52. Sulla sinistra, Panzer II col suo equipaggio

Come si può facilmente desumere anche solo da una prima lettura dei dettagli tecnici, diverse erano le novità rispetto al modello del Panzer I; tuttavia alle buone intuizioni nella realizzazione di questo carri, non fece riscontro quel salto di qualità che ci si sarebbe potuti attendere. Aumentare la protezione, così come il volume di fuoco, furono le innovazioni principali: troppo poco potevano però fare i cannoncini da 20 mm o un'ulteriore piastra corazzata da 1 cm. Il cannoncino da 20 mm e una mitragliatrice MG34 risultavano adeguati al solo ruolo esplorativo e di appoggio alla fanteria. Notevole fu anche l'incremento della potenza del motore, che però anche in questo caso non riuscì a dare i risultati sperati: dai 60 hp del Panzer I si passò ai 130-140 hp dei Panzer II, tuttavia la velocità massima su strada rimase pressoché invariata malgrado un aumento di peso complessivo non molto sensibile. Anche le accresciute dimensioni, che consentirono il miglioramento di talune caratteristiche (quali il guado o il gradino), non furono giustificate poi dai risultati ottenuti. Sicuramente la realizzazione di questo carro dimostra che i progettisti tedeschi stavano comprendendo quali fossero i limiti di questi mezzi e quali fossero le caratteristiche che avrebbero dovuto adottare per ovviarvi. Ma erano ancora troppo ancorati al vecchio modo di produrre carri e al confronto con i mezzi degli altri eserciti.

Modello	**Periodo di produzione**	**Numeri di carri prodotti**
Ausf a1	Fine 1935- Maggio 1936	10
Ausf a2	Maggio 1936 – Febbraio 1937	15
Ausf a3	Maggio 1936 – Febbraio 1937	50
Ausf b	Febbraio-Marzo 1937	25
Ausf c	1937	1.113
Ausf A	1938-1940	
Ausf B	1938-1940	
Ausf C	1938-1940	
Ausf D	1938-1941	43
Ausf E	1938-1941	
Ausf F	1940-1943	524
Ausf G1/g3/g4 (nA - VK 901)	Aprile 1941 – Febbraio 1942	12
Ausf H (nA verst - VK 903)	Settembre 1941	Un solo prototipo
Ausf J (nA verst - VK 1601)	Aprile – Dicembre 1942	22
Leopard (VK 1602)	Marzo 1942- Gennaio 1943	Un prototipo incompleto
Ausf M (nA verst - VK 1301)	Agosto 1942	4
Ausf L (Luchs - VK 1303)	Settembre '43 – Gennaio '44	104

Figura 53. Panzer II Ausf C

Il vero e proprio salto di qualità si avrà solo con la realizzazione del Panzer III, che stravolgerà davvero il modo di concepire i carri armati e sarà uno dei protagonisti indiscussi di tutta la guerra. Ma la nuova concezione alla base della realizzazione di questi mezzi non sarebbe stata possibile senza la piena comprensione di quale fosse il ruolo che l'esercito tedesco si accingeva ad affidare ai nuovi mezzi. Fu solo la presa di coscienza del tipo di guerra che si sarebbe andati a combattere, e alle tattiche e tecniche da adottare di conseguenza, che diede poi il via alla creazione di tutta quella serie di mezzi formidabili che riuscirono ad avere la meglio su qualsiasi avversario. I tempi oramai erano maturi.

Panzerkampfwagen III

Ancor prima del 1934 il generale Guderian prese visione di due carri che sarebbero dovuti divenire il nerbo delle future *Panzer Divisionen*. Il primo veicolo avrebbe dovuto essere armato con un cannone anticarro e due mitragliatrici, mentre il secondo sarebbe dovuto essere un mezzo corazzato di supporto per la fanteria con un cannone di calibro maggiore. Il primo di questi due modelli in questione venne conosciuto come Panzerkampfwagen III, che sarebbe dovuto essere il carro-base per le tre compagnie leggere di ogni battaglione carri. Il secondo venne chiamato Panzerkampfwagen IV.

Direttive di base

Nel 1935 si ordinò alla MAN, alla Daimler-Benz AG, alla Rhienmetall-Borsig e alla Krupp AG la costruzione di un carro da 15 tonnellate, con alcune caratteristiche specificate dalla Waffenamt. Al fine di mantenere segreto lo sviluppo di questo mezzo, il nuovo veicolo venne designato come *Zugfuhrerwagen* (ZW), ossia "veicolo per il comandante del plotone". La designazione completa fu *Versuchkraftfahrzeug 619*, Mittlerer Traktor (trattore medio) o *3.7 cm Geschutz-Panzerwagen*. Lo sviluppo di questo carro venne aperto da un acceso dibattito fra la Waffenamt e l'Ispettorato per le truppe meccanizzate riguardo l'armamento principale: la prima proponeva l'installazione di un cannone da 37 mm, mentre il secondo pretendeva un pezzo da 50 mm. Alla fine si decise di montare un pezzo da 37 mm, in quanto il cannone Pak 35/36 L/45 da 37 mm era già in dotazione ai reparti di artiglieria e così non sarebbe stato necessario produrre altri pezzi, con relative munizioni. Tuttavia la torretta e lo scafo vennero realizzati in modo tale da poter montare anche cannoni più pesanti, come richiesto dall'Ispettorato delle truppe meccanizzate. La protezione frontale avrebbe dovuto essere maggiore nella parte anteriore rispetto a quella posteriore, in quanto il nuovo carro avrebbe dovuto servire nei reparti d'assalto. La velocità massima non avrebbe dovuto superare i 40 km/h e il mezzo sarebbe stato operativo con un equipaggio di cinque uomini, con il comandante, l'addetto alle munizioni e l'addetto al cannone nella torretta e il pilota e l'operatore radio nella parte anteriore dello scafo. La comunicazione fra i vari membri dell'equipaggio avveniva internamente e questa fu la prima volta in cui un carro tedesco venne equipaggiato con un simile sistema di comunicazione interna; da questo momento tutti i Panzer vennero realizzati in questo modo; un sistema che si dimostrerà molto utile in combattimento. Le prove e gli esperimenti sui nuovi mezzi avvennero a partire dal 1936 presso Kummersdorf e Ulm e infine si scelse il modello della Daimler per iniziare la produzione (dai primi mesi del 1937) su vasta scala. La Waffenamt ordinò dunque alla fabbrica di Norimberga di produrre la prima serie.

Figura 54. Primo prototipo di Panzer III della Daimler-Benz (serie di pre-produzione)

Il prototipo della Krupp, conosciuto come MKA, montava invece una sospensione interfogliata e particolari rotelle da strada, caratteristiche in seguito adottate per il Panzer IV, prodotto proprio dalla fabbrica di Essen.

Nascita e sviluppo delle prime varianti (Ausf A-D)

Il profilo del Panzer III era composto da quattro sezioni: scafo, torretta, sovrastruttura frontale (con l'apertura per l'installazione della torretta) e sovrastruttura posteriore con il piano del motore. Ognuna di queste parti era realizzata mediante saldatura e tutte e quattro venivano unite con bulloni. Lo scafo era diviso in due scompartimenti principali da una paratia: in quello anteriore vi erano gli ingranaggi della trasmissione e il meccanismo dello sterzo; in quello posteriore il motore e lo scompartimento di lotta. Questi quattro elementi rimasero tutti invariati nel corso della produzione della serie dei Panzer III.

Figura 55. Panzer III Ausf A

Dopo qualche modifica sul progetto originario, la Daimler produsse la prima serie del Panzer III –Ausf A o Serie 1 – nel maggio 1937. Fino al dicembre dello stesso anno si produssero però solo 10 esemplari (numero di telaio 60101-60110); alcune fonti alzano a 15 il numero di veicoli realizzati (cinque subito e dieci entro la fine dell'anno). Montava una radio FuG 5 e aveva cinque rotelle da strada larghe con sospensione a spirale e due rotelle di ritorno. La torretta venne realizzata dalla Rheinmetall-Borsig. Di questi, solo otto vennero armati e inviati nelle file delle tre divisioni corazzate allora esistenti (che presero parte alle operazioni dell'Anschluss e della campagna di Polonia), mentre ai due restanti non venne installato il cannone e si continuò ad usarli per test e verifiche.

Sempre nel 1937 la Daimler aveva iniziato anche la produzione di una seconda serie di questo carro, producendo 15 esemplari dell'Ausf B – Serie 2. Anch'essi prestarono servizio nella campagna di Polonia (numero di telaio 60201-60215). Avevano due nuove sospensioni a balestra su due carrelli con quattro rotelle da strada e tre di ritorno. Montavano una radio FuG 5 ma avevano una nuova cupola per il comandante (come quella del Panzer IV), un portello per la visuale del pilota modificato rispetto alla precedente versione, così come il sistema di scarico, diverse prese d'aria e una piattaforma posteriore modificata.

Figura 56. Panzer III Ausf B

Nell'ottobre del 1940, cinque di essi verranno poi modificati e usati come base per la creazione di prototipi della serie degli Sturmgeschutz III (Serie 0). Sempre nello stesso anno, da giugno, la Daimler produsse altri 15 modelli di una terza serie, fino al gennaio del 1938. Venne loro aggiunta un'ulteriore balestra sulla sospensione: ora ce ne erano tre, per due carrelli. Venne anche migliorato il sistema di sterzo. Anche questi Panzer III Ausf C - Serie 3 – ebbero il battesimo del fuoco in Polonia (numero di telaio 60301-60315).

Figura 57. Panzer III Ausf C

Nel gennaio 1938 vide anche la luce l'Ausf D – Serie 3b – prodotto in 55 esemplari fino al giugno 1938 (numero di telaio 60221-60225 e 60316-60340). Fu l'ultimo modello di questa fase di pre-produzione e vi si installarono diverse balestre della sospensione, boccaporti e trasmissione. Montavano sempre un'apparecchiatura radio FuG 5. Se ne armarono 30 in tutto, che presero parte alle operazioni in Polonia e Norvegia, mentre gli altri 25 rimasero in Germania per altri esperimenti.

Figura 58. Panzer III Ausf D

Considerazioni sulle prime varianti

I primi modelli di queste quattro varianti erano per lo più dei prototipi in vista della realizzazione della serie da produrre su vasta scala. Nessuno di essi aveva infatti le caratteristiche per soddisfare a pieno le esigenze dell'esercito. Ogni variante montava una sospensione diversa (l'Ausf A ad una singola molla a spirale piana; l'Ausf B con due sospensioni interfogliate rigide; l'Ausf C con tre; l'Ausf D con una angolata) ma il motore era lo stesso per tutte: un Maybach HL 108 TR da 250 hp con un gearbox *Zahnradfabrik* da 5 o 6 marce. Tutti questi modelli erano armati con un cannone KwK 35/36 L/46,5 da 37 mm e con tre mitragliatrici MG34 da 7,92 mm (due sulla torretta e una sullo scafo). La protezione andava dai 5 ai 15 mm, offrendo un riparo solo contro le armi anticarro leggere e mitragliatrici. Questa protezione così carente fu dovuta al fatto che la Daimler dovette adeguarsi alle direttive della Waffenamt che imponeva un peso complessivo non superiore alle 15 tonnellate: tuttavia alcuni di questi primi modelli vennero realizzati in modo tale da avere una corazza da 30 mm in alcune parti. Le prime tre varianti avevano la cupola del comandante a forma di tamburo, solo con l'Ausf D se ne avrà una simile a quella del Panzer IV Ausf B.

Impiego bellico delle varianti di pre-produzione

Alcuni di questi primi Panzer presero parte, come abbiamo già detto, alle operazioni in Polonia o vennero testati dall'esercito fino al febbraio 1940. In questa data i Panzer III ancora in servizio vennero dati al NSKK per scopi addestrativi. Nello specifico, gli Ausf A vennero ritirati nel febbraio 1940; gli Ausf B lo furono nell'ottobre dello stesso anno per essere usati come prototipi per gli Stug III. Gli Ausf C vennero ritirati prima della campagna di Francia, mentre gli Ausf D parteciparono alle operazioni al di là della linea Sigfrido e solo qualcuno di essi prestò servizio nel *PzAbt zbV 40*, che venne impiegato in principio in Norvegia nell'aprile e nel maggio 1940 (lo stesso battaglione dei primi *PzKpfw NbFz VI*) e infine in Finlandia tra il 1941 e il 1942.

Figura 59. Panzer III Ausf C

Materie prime utilizzate nella produzione di un Panzer III	
Ferro:	39 t
Stagno:	1.40 kg
Rame:	60,1 kg
Alluminio:	90,4 kg
Piombo:	71,1 kg
Zinco:	49,1 kg
Gomma:	125 kg

La tabella mostra la quantità di materiale utile per la produzione di un singolo Panzer III. Se consideriamo il numero di carri prodotti – di questa serie ma anche di tutte quelle precedenti e successive – possiamo avere un'idea dello sforzo produttivo che la Germania sostenne in questo settore della produzione bellica.

Inizia la produzione (Ausf E-N)

Nel dicembre 1938 entrò in produzione l'Ausf E – Serie 4 – e la Henschel, la Daimler e la MAN furono mobilitate per tale scopo. La produzione terminò nell'ottobre del 1939, con soli 96 veicoli realizzati (numero di telaio 60401-60496). Fu la prima delle varianti di questa serie ad essere prodotta in un numero appena significativo. Questo modello non presentava troppe differenze con quello dei suoi predecessori, tranne che per quello che riguardava la nuova barra di torsione indipendente, disegnata da Ferdinand Porsche, per altri scopi industriali, già nel 1930. Era formata da sei rotelle da strada e tre di ritorno. La trasmissione adottata era più complicata e delicata delle precedenti, ma avrebbe dovuto essere funzionale al miglior funzionamento del motore (anche se la nona e decima marcia venivano sforzate oltre misura). Il carro era armato con un KwK 35/36 L/46,5 da 37 mm e tre mitragliatrici MG34 da 7,92 mm, due nella torretta e una nello scafo. La protezione variava dai 12 ai 30 mm. Durante il periodo di produzione vennero installati su entrambi i lati dello scafo dei boccaporti e un portello per la visuale per l'operatore radio sulla parte anteriore della sovrastruttura. La visiera del pilota era ottenuta con uno sportellino scorrevole, uno in alto e uno più in basso, chiudibili contemporaneamente. Altri portelli a due ante erano ricavati sulla torretta. A differenza dei suoi predecessori, l'Ausf E era azionato da un Maybach HL 120 TR da 300 hp con il nuovo gearbox Maybach Variorex a 10 velocità. Questo carro pesava complessivamente 19,5 tonnellate a fronte delle 16 tonnellate dei precedenti. Dall'agosto del 1940 fino al 1942, tutti i Panzer III Ausf E in servizio vennero riarmati con un cannone KwK 38 L/42 da 50 mm montato su di un mantlet (copertura di protezione) esterno, che ospitava anche una MG. Allo stesso tempo, la protezione venne aumentata frontalmente, sul retro e nella parte anteriore della sovrastruttura mediante l'aggiunta di una piastra corazzata da 30 mm; la radio era sempre una FuG 5. C'è poi da dire che diversi Ausf E vennero ritirati e rilavorati per essere convertiti in Panzer III Ausf F.

Figura 60. Panzer III Ausf E in Polonia

Nel settembre 1939, alla vigilia dell'invasione della Polonia, entrò in produzione l'Ausf F - Serie 5. La Daimler, la Henschel, la FAMO, la Man e la Alkett ne produssero 435 fino al luglio del 1940 (numero di telaio 61001-61650). Era una versione leggermente migliorata dell'Ausf E, senza grandissime modifiche, che montava un Maybach HL 120 TRM e nuove coperture per le prese d'aria sulla parte superiore della torretta e su quelle frontali vicine ai fari. Venne anche migliorato il sistema frenante. I primi 335 vennero armati con un KwK 35/36 L/46,5 da 37 mm e tre MG34 da 7,92 mm. Gli ultimi 100 montarono invece un KwK 38 L/42 da 50 mm su di un mantlet esterno, insieme ad una MG (come nel caso precedente dell'Ausf E). Gli Ausf F avevano poi un pacchetto di cinque generatori di fumo artificiale (in funzione difensiva) nella parte posteriore dello scafo, collegati alla torretta e da quella azionabili. Su alcuni di questi carri venne anche montato un blocco per lo stivaggio nella parte posteriore della torretta. Come radio si scelse l'ormai fidata FuG 5. Dall'agosto del 1940, tutti gli Ausf F che montavano ancora il cannone da 37 mm, vennero riarmati con quello da 50 mm in uso sugli ultimi veicoli prodotti (esattamente come nel caso degli Ausf E). Nello stesso tempo venne loro aumentata anche la protezione, sempre con le medesime modalità. Solo 40 Ausf F riuscirono a prendere parte alla campagna di Francia, prima che le operazioni fossero giunte al termine, ma raramente furono impegnati in seri combattimenti. Ancora si discute in relazione alla data della realizzazione del primo Ausf F armato con il cannone da 50 mm, probabilmente riconducibile al luglio 1940. Questo carro ebbe un discreto successo, così si decise di usare il suo telaio anche per l'assemblaggio del carro d'assalto Stug III. Nel 1942 e 1943 gli Ausf F rimasti in servizio, vennero riarmati con un KwK 39 L/60 da 50 mm; questi carri furono dotati anche di una protezione aggiuntiva (30 mm) e rimasero in servizio fino alla fine del 1944 (gli ultimi combatterono nelle fila della 116^ Panzer Division).

Figura 61. Rotelle da strada usate per i Panzer III e i primi Panzer IV

Tra il 1940 e il 1941 si fecero vari tentativi per standardizzare la produzione dei Panzer III e IV. Per riuscirvi si produssero i Panzer III Ausf G e H con nuove e più grandi rotelle da strada sovrapposte e la sospensione della FAMO. Dal 1940 si testarono questi prototipi, che vennero usati anche per scopi addestrativi. Un ulteriore e particolare sviluppo si ebbe nel 1943, anno in cui i prototipi furono dotati dei sistemi tipici del bulldozer, al fine di sgomberare le macerie nelle strade bombardate. Questa sospensione verrà poi adottata sia per i Tiger che per i Panther.

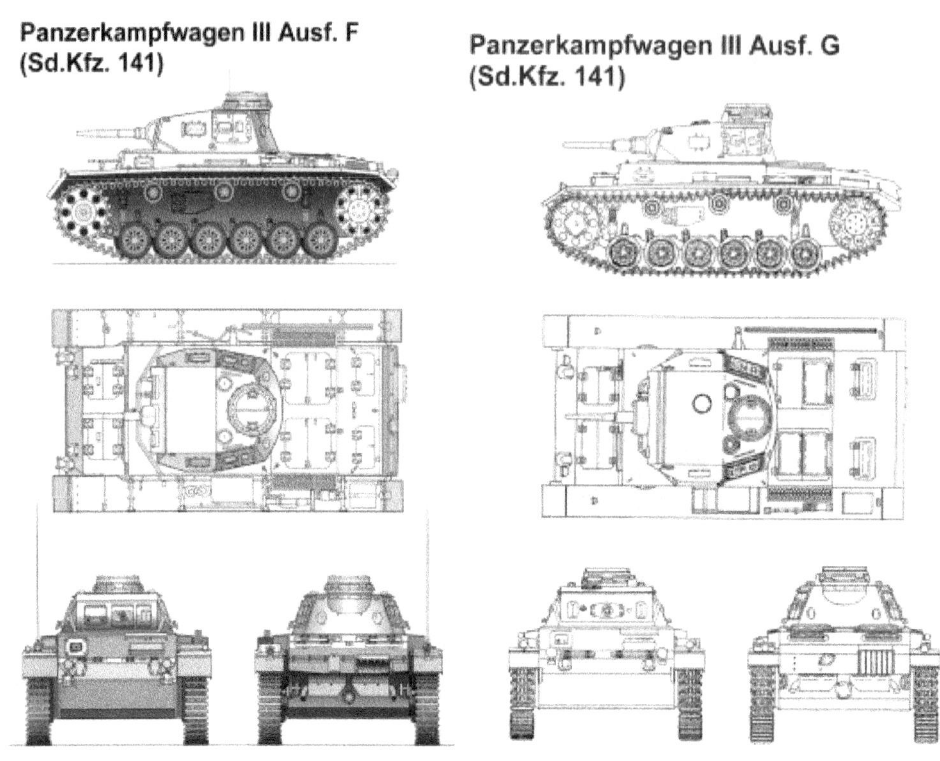

Figura 62. Modelli dei Panzer III Ausf F e Ausf G a confronto

Dall'aprile 1940 al febbraio dell'anno seguente, la MAN, la Alkett, la Henschel, la MNH (Maschinenfabrik Niedersachsen Hanover), la FAMO e la Daimler-Benz produssero 600 Panzer III Ausf G - Serie 6 - (numero di telaio 65001-65950). L'ordine iniziale prevedeva la produzione di 1.250 carri, numero poi ridotto a 800 in quanto si decise di usare anche i molti carri cecoslovacchi ora in mano germanica. Questo carro non presentava modifiche significative rispetto ai due modelli precedenti. I primi 50 carri vennero armati con un KwK 35/36 L/46,5 da 37 mm in un mantlet interno, gli altri avevano un KwK 38 L/42 da 50 mm in uno esterno: tutti montavano comunque due MG34, una sul telaio e l'altra sulla torretta. La protezione variava dai 12 ai 30 mm, anche se la maggior parte del mezzo era protetta da almeno 21 mm di corazza. Venne anche installato una nuova visiera per il pilota, fissa su un perno (*Fahrersehklappe 30*). La torretta venne modificata e vi si inserì un ventilatore di scarico sulla parte superiore al posto di un portello di segnalazione. Si aggiunsero anche altri generatori fumogeni. Man mano che la produzione progrediva, sui Panzer III venne installata un nuovo tipo di cupola per il comandante, già in uso sui Panzer IV Ausf E/F/G, che venne poi ad essere montata anche su tutte le varianti future. Negli ultimi periodi, si decise poi di dotare i carri di cingoli larghi 400 mm, al posto di quelli ordinari da 360 mm. Gli Ausf G furono i primi a montare il "*Rommelkiste*", una torretta con un vano per adibito a diversi usi (*Gepack Kasten*), che divenne poi adottata per tutti i Panzer III. Dall'agosto del 1940, proprio come accadde per gli Ausf E ed F, tutti i veicoli dotati del cannone da 37 mm, furono riarmati con quello da 50 mm.

Figura 63. Panzer III Ausf G

I veicoli inviati in Nord Africa vennero poi dotati di filtri d'aria aggiuntivi e un diverso sistema di raffreddamento; vennero designati Ausf G(Tp), con i filtri *Fiefel* installati esternamente. Un ristretto numero di Panzer III Ausf G rimasero in linea fino al settembre 1944. Nell'ottobre del 1940, entrò in produzione l'Ausf H – Serie 7. Venne prodotta in 308 esemplari (66001-66650) fino all'aprile del 1941 dalla MAN, MIAG, MNH, Alkett, Wegmann e Henschel (a fronte di un ordine iniziale di 759 veicoli). La torretta venne ridisegnata al fine di ospitare un cannone da 50 mm installato su un'unica piastra di 30 mm. Si trattò del primo carro della serie su cui non si installò mai il cannone da 37 mm. La protezione andava dai 10 ai 30 mm, ma la parte anteriore dello scafo e della sovrastruttura avevano saldata un'altra piastra da 30 mm: questa corazza riusciva così a neutralizzare i cannoni anticarro sovietici da 45 mm e quelli americani da 37 mm; restarono i cingoli da 40 cm.

Figura 64. Panzer III Ausf H in Polonia

La parte posteriore della torretta venne realizzata montando un unico pezzo e venne così a scomparire il rigonfiamento al di sotto del portello del comandante. Venne installato anche il riduttore Maybach SSG 77 al posto del Variorex. Inoltre si modificò anche il sistema della sospensione e vennero usate nuove ruote dentate, ingranaggi di rinvio (la prima rotella di ritorno venne poi spostata in avanti) e anche il sistema di ammortizzamento ricevette una nuova forma. Di conseguenza, il peso complessivo salì a 21,8 tonnellate a causa della maggior protezione e della barra di torsione irrobustita (anche per questo si allargarono i cingoli, per una migliore distribuzione del peso). All'inizio questi carri vennero armati con un KwK 38 L/42 da 50 mm e due MG34, ma tra il 1942 e il 1943 vi si installò un KwK 39 L/60 da 50 mm, con un fusto più lungo e una conseguente maggior potenza di fuoco. Queste ultime quattro varianti vennero conosciute come Panzerkampfwagen III Ausf E, F, G e H/Sd.Kfz 141. Il 10 maggio 1940, al momento dell'invasione della Francia, vi erano complessivamente 381 Panzer III in servizio e 135 di questi vennero persi nella campagna sul fronte occidentale.

Figura 65. Panzer III Ausf J in Russia

Nel marzo 1941 vennero prodotti gli ultimi Sd.Kfz 141 ed entrò in produzione l'Ausf J – Serie 8. Venne prodotto dalla MIAG, MAN, MNH, Alkett, Henschel e Wegmann fino al luglio 1942 in 2.616 esemplari (numero di telaio 68001-69100 e 72001-74100), malgrado l'iniziale previsione di 900 carri. Lo scafo venne allungato e ne beneficiò in particolar modo la piattaforma posteriore sotto la quale vi era il motore. Aveva una protezione drasticamente aumentata, che variava dai 10 ai 50 mm; questa novità fu accompagnata dall'installazione di una nuova visiera per il pilota (*Fahrersehklappe 50*) e di un'incastellatura di sostegno per una MG34 nello scafo (*Kugelbende 50*, che vediamo nelle fotografie di sotto). Venne anche montato un nuovo tipo di sportelli di accesso (ad una sola anta) e nuove prese d'aria sulla parte anteriore dello scafo. Dall'aprile del 1942 si aggiunse poi una piastra di 20 mm al mantlet o alla parte anteriore della sovrastruttura. Dal marzo 1941 al luglio 1942 se ne produssero 1.549, armati con un KwK 38 L/42 da 50 mm e due MG34.

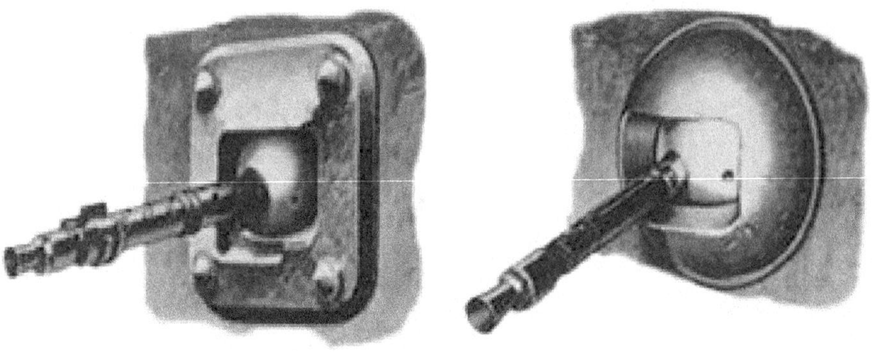

Figura 66. Kugelbende 50

Quelli prodotti dal dicembre 1941 vennero armati con un KwK 39 L/60 da 50 mm. La differenza fra questi veicoli fu essenzialmente la diversa capacità di trasporto munizioni (da 99 ad 84) e la designazione (Panzer III Ausf J/Sd.Kfz 141 i primi, Sd.Kfz 141/1 i secondi). Tutti erano comunque dotati di una FuG 5. Il cannone L/60 da 50 mm era decisamente migliore del precedente cannone da 37 mm, del tutto inadeguato contro i T-34/76 sovietici e gli M4 Sherman americani. Da registrare anche fra il 1941 e il 1942 uno sfortunato tentativo della Krupp – rimasta finora fuori dalla produzione di questo carro – di installare sugli Ausf J la torretta del Panzer IV Ausf G, al fine di creare la nuova variante Ausf K. Nel giugno 1942 entrò in produzione l'Ausf L – Serie 9. Fino al dicembre 1942 la MIAG, la MAN, la MNH, la Alkett, la Daimler, la Henschel e la Wegmann ne produssero 653 (numero di telaio 74101-75500). Era armato con un KwK 39 L/60 da 50 mm e due MG34 da 7,92 mm. Esteriormente non presentava molte differenze rispetto all'Ausf J, di cui era sostanzialmente una variante. La principale differenza riguardava la nuova barra di torsione (dato che il cannone aveva una maggiore potenza), che rimpiazzava l'originario meccanismo di rinculo a molla a spirale piana; questa modifica fece sì che potessero essere trasportati meno colpi a bordo. Altre modifiche riguardavano la realizzazione di portelli più grandi per l'accesso al radiatore e al motore (tutti a una solo anta) e le prese d'aria fatte parallelamente alla linea centrale del veicolo. La protezione della parte anteriore della torretta venne innalzata da 30 a 57 mm e una piastra da 20 mm venne installata anche sulla parte anteriore della sovrastruttura e, in molti casi, anche sul mantlet. Il disegno generale venne semplificato, il piano dietro la torretta venne dotato di nuove prese d'aria e boccaporti, mentre i primi veicoli prodotti non avevano portelli di fuga sullo scafo, nè feritoie per la visuale dell'addetto al cannone sul mantlet, né tanto meno portelli laterali sulla torretta. Questa soluzione, presto tralasciata, venne ideata per creare un carro con la massima compattezza possibile.

L'Ausf L fu anche il primo carro a montare una mitragliatrice in funzione completamente antiaerea (*Fliegerbeschussgerat 41/42*) sulla cupola del comandante. Questa, da quel momento in poi, venne applicata su ogni Panzer III che usciva dalla fabbrica e installata anche sulle precedenti varianti. Molte di esse vennero montate insieme agli *Schurzen* (pannelli di difesa, utili anche in funzione mimetica) laterali da 5 mm. All'inizio era stato commissionato un ordine per la produzione di 1.100 mezzi, ma poi venne ridotto in quanto il nuovo cannone KwK L/24 da 75 mm, originariamente previsto per questo carro, sarebbe stato montato su una variante successiva, l'Ausf N. Dall'ottobre 1942 al febbraio 1943 la MIAG, la MAN, la MNH e la Wegmann produssero poi 250 nuovi Panzer III Ausf M - Serie 10 - (numero di telaio 76101-77800).

Figura 67. Panzer III Ausf L in Libia

Nel luglio dello stesso anno si era pensato di produrne 1.000, ma già ad ottobre l'*OKH* ridusse il quantitativo a 775, in quanto si pensò di utilizzare questi telai per la creazione di 165 Stug III e 100 Flammpanzer III.

Sd.Kfz.141 (Corto)		
Ausf A	1937	37mm L/45
Ausf B	1937	37mm L/45
Ausf C	1937/38	37mm L/45
Ausf D	1938	37mm L/45
Ausf E	1938/39	37mm L/45 (inizio) / 50mm L/42 (fine)
Ausf F	1939/40	37mm L/45 (inizio) / 50mm L/42 (fine)
Ausf G	1940/41	37mm L/45 (inizio) / 50mm L/42 (fine)
Ausf H	1940/41	50mm L/42 (inizio) / 50mm L/60 (fine)
Ausf J	1941/42	50mm L/42 (inizio)
Sd.Kfz.141/1 (Lungo)		
Ausf J	1941/42	50mm L/60 (fine)
Ausf L	1942	50mm L/60
Ausf M	1942/43	50mm L/60
Sd.Kfz.141/2 (Lungo)		
Ausf N / (Sturmpanzer III)	1942/43	75mm L/24
Sd.Kfz.141/3 (Lungo)		
Ausf M / (Flamm)	1943	14mm Flammenwerfer

Questa variante derivò direttamente dalla precedente e se ne differenziava solo per il nuovo sistema di guado, che gli permetteva di superare profondità di 1,3 metri a fronte degli 80-90 cm abituali. Questo indusse a sigillare tutte le aperture in modo impermeabile (in entrata e uscita), mentre nella parte posteriore dello scafo venne installato un nuovo meccanismo per gli scarichi, con valvole di chiusura. Questo sistema venne usato per la prima volta sui Tauchpanzer III (conversione di cui parleremo in seguito, con capacità anfibie) e poi montata anche sui carri di terra. Inoltre il sistema di cinque generatori fumogeni sulla parte posteriore dello scafo venne rimpiazzato da tre lanciagranate elettrici NbK da 90 mm montati su entrambi i lati della torretta. Montava anche i nuovi fari della Bosch. Il suo armamento era del tutto uguale a quello dell'Ausf J. Sui veicoli prodotti nel 1943 vennero subito montati gli *Schurzen* sullo scafo e sulla torretta. Alcuni avevano poi una *Fliegerbeschussgeraet* installata sulla cupola del comandante per la difesa aerea. L'apparecchiatura radio era sempre una FuG 5. Un buon numero di questi veicoli furono usati per la creazione degli Ausf N o degli Stug III.

Figura 68. Panzer III Ausf M

Nel giugno 1942 entrò in produzione l'ultima variante del Panzer III. La MNH, la MAN, la MIAG, la Henschel e la Wegmann produssero l'Ausf N fino all'agosto 1943 (numero di telaio 73851-77800). Il carro avrebbe dovuto essere un mezzo di supporto per i Tiger. Questi carri vennero prodotti a partire da telai di altre varianti: 3 dall'Ausf J, 447 dall'Ausf L e 213 dall'Ausf M. Altri 37 sono frutto della conversione di precedenti Panzer III; queste conversioni supplirono all'idea della creazione *ex novo* di altri 450 carri. Questo carro venne anche conosciuto come Sturmpanzer III: la differenza principale dalle varianti di cui prese il telaio risiedeva nell'armamento: venne montato il cannone corto KwK 37 L/24 da 75 mm, originariamente usato per i Panzer IV, dall'Ausf A all'Ausf F1, poi riarmati con un cannone da 75 mm però più lungo. L'armamento era poi completato dalla presenza di due MG34. Vi erano anche tre lanciagranate fumogene su ognuno dei lati della torretta. Lo scompartimento interno per lo stivaggio delle munizioni venne modificato: i carri che usavano il telaio dell'Ausf L potevano trasportare 56 colpi, mentre quelli con il telaio dell'Ausf M 64 colpi. Tutti avevano installata una radio FuG 5 e alcuni anche la mitragliatrice per la difesa aerea. I modelli di fine produzione videro poi l'installazione di una diversa cupola del comandante, con il portello ad una sola anta al posto di due, così come per quello sulla torretta. Un numero limitato di questi veicoli montò poi la torretta del Panzer IV Ausf G. Dal marzo 1943 ogni carro montava gli Schurzen di 5 mm sullo scafo e sulla torretta e venne loro applicata anche lo *Zimmerit*[5], una pasta antimagnetica. Gli Ausf N vennero usati principalmente come carri di supporto ravvicinato, tant'è che vennero assegnati anche ai battaglioni dei Tiger con l'obiettivo proteggere questi carri dal fuoco della fanteria. Alcune fonti parlano anche dell'esistenza del progetto per lo sviluppo di un'altra variante – l'Ausf O – ma non ne abbiamo traccia.

Figura 69. Panzer III Ausf N

Produzione

La produzione generale dei Panzer III non fu elevatissima – soprattutto nei primi anni – e cessò nell'agosto 1943. Nei primi periodi però si pose rimedio alla mancanza di

[5] Lo Zimmerit era un rivestimento, prodotto dalla Chemische Werke Zimmer A.G., contro le mine magnetiche applicato sui mezzi corazzati tedeschi durante la fase centrale della seconda guerra mondiale. Il principio base di questo rivestimento, che di per sé non aveva proprietà antimagnetiche, era quello di creare una superficie rugosa che riducesse l'area di contatto tra lo scafo del carro e la mina oltre a creare una maggiore distanza tra la stessa e la corazza. In altre parole, si voleva provocare il distacco dell'ordigno a causa del suo stesso peso e delle vibrazioni prodotte durante il movimento del mezzo. Lo Zimmerit venne applicato a tutti i mezzi corazzati completamente chiusi, sia carri armati che cannoni semoventi, mentre trovò una limitatissima applicazione su altre tipologie di veicoli. L'applicazione dello Zimmerit avveniva direttamente in fabbrica anche se su molti veicoli venne applicato direttamente sul campo. Il rivestimento trovò il suo massimo impiego sui veicoli impiegati nell'attacco e quando i mezzi corazzati tedeschi si trovarono sulla difensiva, verso la metà del 1944, venne eliminato. Anche il miglioramento delle armi controcarro contribuì a renderlo obsoleto.

questi carri con l'uso dei PzKfw 35(t) e PzKfw 38(t), prelevati dall'esercito cecoslovacco al momento dell'annessione nel 1939. Il loro modello fu di grande aiuto per la realizzazione del Panzer IV, tant'è che aveva molte parti e componenti condivise. Tuttavia furono circa 6.000 i Panzer III prodotti dalle industrie del Reich: le varianti dalla A alla J (1936-1941) vennero definite "corte", le altre (1941-1943) "lunghe", in riferimento all'armamento principale. Tutti i Panzer III vennero pian piano rimpiazzati dai Panzer IV entro la fine del 1943: fu pratica costante quella di utilizzare i telai e i componenti dei carri ritirati dalla linea per diverse conversioni, adatte agli usi più disparati. Vi è anche da segnalare il fatto che circa 110 torrette di questi carri vennero poi usate per il vallo atlantico o le linee di difesa in Italia oppure per sporadiche conversioni su altri carri (più che mai in situazioni di emergenza).

Impiego bellico

Solo pochi Panzer III presero parte attiva ai combattimenti in Polonia, nel settembre 1939 (per la precisione 98). In quel momento, il nerbo delle divisioni corazzate era ancora costituito dai Panzer I e II. Il Panzer III venne designato come veicolo per il comandante del plotone e fu il primo vero e proprio carro medio tedesco prodotto in numero considerevole. Certamente indispensabile per la sua completa realizzazione, soprattutto nelle varianti più tarde, fu l'esperienza ricavata dall'impiego dei Panzer I e II che fece sì che si potesse imporre come mezzo principale delle divisioni corazzate per la maggior parte della guerra. Cedette questo ruolo solo nell'ottobre 1943, quando solo cinque divisioni corazzate del fronte orientale avevano ancora in dotazione una compagnia corazzata formata da Panzer III. Alla fine del 1944 ne rimanevano solo 79 in servizio sul fronte orientale; tuttavia alcuni di questi rimasero in servizio fino alla fine in Paesi come Olanda e Norvegia. Al momento dell'invasione della Francia erano comunque 350 i Panzer III operativi. Dopo quella campagna Hitler ordinò di armarli tutti con un cannone L/60 da 50 mm, ma quest'ordine venne parzialmente attuato in quanto era già iniziata la produzione di massa degli L/42 (che avrebbero presto sostituito tutti i cannoni da 37 mm ancora montati sulle varie varianti). Quell'arma sarà poi adottata su vasta scala solo con l'Ausf J.

Figura 70. Produzione di Panzer III in una fabbrica nel 1942

Singolarmente possiamo comunque dire che gli Ausf E furono inviati alle truppe dal 1 settembre 1939, qualche mese prima degli Ausf F, alcuni dei quali rimasero in linea fino al 1944 (116^ Panzer Division in Normandia). I primi Ausf G invece, quelli armati con i cannoni da 37 mm, furono inviati tra l'aprile e il giugno 1940 come rimpiazzo per i mezzi andati perduti nei reggimenti delle divisioni corazzate; 54 di essi rimasero in linea fino al settembre 1944. Poche notizie si hanno sull'impiego degli Ausf H, mentre sappiamo che gli Ausf J vennero inviati principalmente alla 2^ e 5^ Panzer Division in Russia nel settembre 1941. Con discreta sicurezza possiamo invece affermare che diversi Panzer III Ausf J Sd.Kfz. 141/1 vennero inviati all'inizio del 1942 alla 3^, 16^, 29^ e 60^ divisione di fanteria motorizzata e alla 5^ divisione SS di fanteria motorizzata. I carri restanti vennero inviati come rimpiazzi in Russia e Nord Africa. Gli Ausf L invece equipaggiarono quasi interamente la 1^, 2^ e 3^ SS Panzergrenadier Division e la Panzergrenadier Division "*Grossdeutschland*". Degli Ausf M non abbiamo notizie molto dettagliate, mentre sappiamo che 10 Ausf N vennero assegnati – tra settembre 1942 e maggio 1943 – alle compagnie pesanti dei Tiger, con funzioni di supporto.

Vendita alla Russia

Due Panzer III vennero venduti nel 1940 (quando era ancora valido il trattato di non aggressione russo-germanico) alla Russia. I russi studiarono bene i mezzi germanici e li testarono per verificare la tenuta dei loro T-34/76. Il Panzer III dimostrò però di avere maggiore velocità dei carri russi (anche del BT-7) ma era carente in fatto di protezione e armamento, per quanto più ergonomico dei carri russi. Inoltre era meno rumoroso dei T-34, ravvisabili da 450 metri, a fronte dei 200 metri del Panzer III. In seguito venne anche venduto ad altri paesi alleati o vicini alla Germania. L'Ungheria ne ricevette dieci e fu la prima fra gli alleati, i rumeni ricevettero invece 11 Ausf N, uno in più dei bulgari; gli slovacchi ne ebbero solo sette. Un piccolo numero di Ausf L e N vennero poi venduti alla Croazia. La Turchia ne ordinò 56, ma l'affare non andò in porto a causa della guerra, anche se si suppone che i primi 20 siano stati inviati. Dal 1941 al 1943 i russi ebbero modo di impadronirsi di diversi Panzer III, Stug III e Panzer IV: alcuni prestarono un servizio temporaneo nelle fila sovietiche, mentre altri furono convertiti in carri d'assalto e designati come SU-76i e SG-122A. Inoltre, alcuni degli Ausf J catturati in Nord Africa furono usati dalle forze della Polonia libera per scopi addestrativi. Rimane indubbio il fatto che la migliore conversione a cui questo carro fu sottoposto resta quella dello Stug III – di cui parleremo in un apposito capitolo – che resterà in servizio nell'esercito finlandese fino al 1967. Alla fine della guerra 32 Panzer III rimasero all'esercito norvegese, insieme a diversi Stug III Ausf G. Un piccolo numero venne poi preso dall'esercito cecoslovacco, insieme a quattro Flammpanzer III.

Panzerbefehlswagen III

Di questi carri comando se ne fecero diverse varianti: la prima fu l'Ausf D1 – Serie 3c. Dal giugno 1938 al marzo 1939 si convertirono 30 Ausf D (numero di telaio 60341-60370). Aveva una protezione più sottile, la torretta fissa e un cannone finto. Montava una radio FuG 8 sopra la piattaforma del motore – dietro la torretta – con un'apparecchiatura simile a quella degli aerei, tant'è che dal 1943 la si rimpiazzò con un antenna dello stesso tipo. Per le operazioni del 1940 ne furono disponibili 39, designati come *Sd.Kfz. 266* (quelli con la FuG 2 e FuG 6 installata), *Sd.Kfz. 267* (quelli con la FuG 6 e FuG 8) e *Sd.Kfz. 268* (quelli con la FuG 6 e FuG 7). Erano armati con un'unica MG nel mantlet e conosciuti come PzBefWg Ausf D1. Solo 38 furono disponibili per la campagna di Polonia e non tutte le unità poterono averne uno. Vennero comunque ritirati tutti entro i primi mesi del 1941. A questa prima variante seguì la Ausf E – Serie 4a – numero di telaio 60501-60545. Questi mezzi cooperarono da vicino con i piloti della Luftwaffe per il controllo aereo. Vennero usati per la prima volta in Francia nel 1940 e avevano, rispetto ai precedenti, dei nuovi portelli per la visuale e per le armi leggere sulla torretta, sempre fissa. Montavano radio FuG 6 o 7 insieme ad una FuG 8 o 13. Le designazioni (Sd.Kfz.) erano le stesse dei precedenti, a seconda delle radio installate. Il PzBefWg Ausf H entrò invece in produzione in due momenti diversi: la prima serie dal novembre 1940 al settembre 1941 (numero di telaio 70001-70145) e la seconda dal dicembre 1941 al gennaio 1942 (numero di telaio 70146-70175). Aveva una piastra corazzata aggiuntiva sulla fronte dello scafo e della sovrastruttura e un cannone finto da 37 mm (i primi) o da 50 mm (i secondi) sulla torretta: solo la MG era reale. Gli ultimissimi modelli invece non montarono nessun cannone, ma solo la MG sul mantlet.

Figura 71. Panzerbefehlswagen III Ausf E

La torretta aveva un portello di accesso circolare ed un altro normale di osservazione. Dall'agosto al novembre del 1942, si produssero 81 Ausf J come carri comando, designandoli *Panzerbefehlswagen III mit 5cm KwK L/42 / Sd.Kfz 141*; ne vennero convertiti altri 104 dal marzo al settembre del 1943 (numero di telaio 72001-74100). Il veicolo non presentava sostanziali differenze rispetto a qualsiasi altro Ausf J, ma non montava la mitragliatrice sullo scafo e poteva caricare meno munizioni (solo 75 colpi per il cannone da 50 mm e 1500 per la MG). Venne però dotato di un periscopio aggiuntivo e montava insieme o la FuG 5 e 7 o la FuG 5 e 8. Questi carri equipaggiarono le divisioni d'elitè delle Waffen SS: la "*SSLAH*", la "*Das Reich*", la "*Totenkopf*" e la "*Wiking*". Vennero anche inviati come rimpiazzo ad altre unità e, dall'inizio del 1943, vennero inviati anche ai distaccamenti di *Sturmpanzer*. L'ultima variante di questa serie fu l'Ausf K (*Panzerbefehlswagen mit 5cm KwK 39 L/60*) - Serie 7 - numero di telaio 70201-70250. Dal dicembre del 1942 al febbraio dell'anno seguente se ne produssero 50, tutti basati sugli Ausf L. La sovrastruttura venne realizzata con portelli aggiuntivi e montava una sola MG, essendo stata rimossa l'altra MG coassiale. La torretta era quella di un Panzer IV Ausf F modificata, l'unica in grado di poter alloggiare un cannone L/42 o L/60 da 50 mm.

Figura 72. Panzerbefehlswagen III Ausf H

Vi era poi un mantlet più piccolo installato sulla sinistra della torretta e un portello per la visuale sulla destra. Ai lati della torretta vi erano tre lanciagranate fumogene. La radio installata era una FuG 8 insieme a due antenne "star" di un metro inserite tra i due portelli di ispezione sopra lo scompartimento del motore. Alcuni di essi avevano anche i *Seitenschurzen* installati. Nel luglio del 1943 erano 331 i veicoli in dotazione alle truppe.

Flammpanzer III

Dal febbraio all'aprile del 1943, 100 Ausf M prodotti dalla MIAG a Braunsweig (numero di telaio 77609-77708) vennero convertiti dalla Wegmann Waggonfabrik a Kassel in Flammpanzer e designati come *PzKpfw III (Fl)/Sd.Kfz 141/3* (conosciuti poi come *Panzerflammwagen III* o *Flammpanzer III*). Questi carri riprendevano in tutto l'Ausf M, con l'unica variante dell'aggiunta di un'ulteriore piastra corazzata di 30 o 50 mm sulla parte anteriore dello scafo. Si adottò questa soluzione in quanto questi mezzi rischiavano di essere seriamente vulnerabili al fuoco nemico, dato anche lo scarso raggio del loro armamento. A differenza di ogni altro Panzer III, questi carri avevano un equipaggio di soli tre uomini: comandante/addetto al rifornimento per il lanciafiamme (che operava da solo nella torretta ed aveva una radio FuG 2), operatore radio/addetto al lanciafiamme (che lavorava con una FuG 5) e pilota. Oltre al *Flammenwerfer* da 14 mm vi erano comunque anche due MG34 (una sullo scafo e una sulla torretta). Il lanciafiamme era montato al posto solitamente occupato dal cannone; dato però la diversità di forma con quest'ultimo, al fine di mascherarlo, lo si avvolse in uno strato di vario materiale spesso 1,5 cm così da farlo sembrare un normale cannone. Quest'arma aveva un'inclinazione compresa fra gli 8° e i 20°; ogni carro caricava 1.020 litri di liquido infiammabile in due mezzi separati, dietro al veicolo. Il liquido era spinto nel condotto del lanciafiamme da una pompa *Koebe* azionata da due motori DKW a due tempi, accesi da una carica elettrica (*Smitskerzen*). Il liquido impiegava 125 secondi per poter essere emesso e consentiva di "sparare" circa 80 fiammate di due o tre secondi l'una. Il raggio massimo di ogni fiammata era di 60 metri, ma dipendeva anche dalle condizioni atmosferiche. Questo carro venne ideato per combattere in determinati contesti, come quelli urbani - Stalingrado ad esempio - anche se non raggiunse mai quel fronte. I Flammpanzer III furono dati in dotazione ai plotoni dei Panzer Abteilungen, nel numero di sette per plotone (*Panzer-Flamm-Zug*). Un resoconto del 5 maggio 1941 ratifica la sua distribuzione: 28 mezzi alla Panzer Division "*Grossdeutschland*", 15 nella 6^ Panzer Division, 14 alla 1^ Panzer Division, 14 alla 24^ Panzer Division, 14 alla 26^ Panzer Division e 7 alla 16^ Panzer Division. Un veicolo era poi alla scuola di Wunsdorf; 41 di essi presero parte alla battaglia di Kursk.

Figura 73. Flammpanzer III in Russia

Impiego bellico

Le fonti ci riportano che dal marzo al dicembre del 1943 i Flammpanzer III servirono in Russia nella 1^, 6^, 14^, 24^ Divisione e nella "*Grossdeutschland*" e in Italia nelle fila della 16^ e 26^. Nel luglio del 1943, in vista dell'offensiva su Kursk, furono inviati altri 41 Flammpanzer tra la 6^ e la 10^ Panzer Division e la "*Grossdeutschland*". Tuttavia questo carro non ottenne grandi successi in battaglia e molti subirono danni che li costrinsero a tornare nelle fabbriche per le riparazioni: a questo punto si decise di convertirli in normali Panzer III oppure in Stug III. Nel 1944 soltanto 10 dei 100 carri rimasti vennero riparati e inviati alla *Panze-Flamm-Kompanie 351*, che prestò servizio fino all'aprile 1945 con il Gruppo di Armate Sud. Oggi possiamo vedere un Panzer III (Fl), catturato in Italia (numero di telaio 77651), al museo di Coblenza.

Sviluppi paralleli

È interessante poi sottolineare il fatto che nel 1938 la Daimler ricevette l'incarico di progettare un carro che avesse potuto sostituire i Panzer III e IV appena entrati in servizio. Il carro in questione avrebbe avuto un nuovo profilo, un nuovo telaio e una diversa struttura dello scafo. Il suo nome era GBK: *Kampfwagen des Generalbevollmaechtigen.* I lavori su questo progetto finirono nel dicembre del 1941, quando si decise di puntare sullo sviluppo di un carro pesante, il Panther.

Panzerbeobachtungswagen III

Dal febbraio 1943 all'aprile 1944, 262 Panzer III (Ausf E, G ed F) vennero riarmati e convertiti in *Artillerie Panzerbeobachtungswagen III* (Sd.Kfz. 143, numero di telaio 60401-78000), ossia "veicolo di osservazione d'artiglieria", che operò insieme alle batterie di Wespe e Hummel fino alla fine della guerra proprio come "direttori di fuoco" per le batterie. Montavano un cannone finto al posto occupato solitamente dalla mitragliatrice e una MG34 al posto di quello vero in un *Kugelblende*; vi era poi solo l'apertura per armi leggere al posto della MG sullo scafo. Aveva un equipaggio di cinque uomini ed era equipaggiato con un impianto radio più potente al fine di svolgere al meglio la sua funzione. Nello specifico aveva un'antenna "star" di due metri per la radio FuG 8 e anche una FuG 4. Per una maggiore protezione venne loro applicata anche una piastra corazzata da 30 mm. Aveva un periscopio TBF-2 installato in modo tale da poter essere ritratto e coperto. Nel 1943 si decise poi di armare alcuni di questi mezzi con un cannone vero e per questo scopo venne usato un KwK 39 L/60 da 50 mm.

Figura 74. Beobachtungspanzer III

Pionierpanzerwagen auf Fahrgestell Panzerkampfwagen III

Nel 1943 diversi Panzer III Ausf L ed M vennero convertiti in Pionierpanzerwagen III, rimuovendo loro la torretta e creando così un'area di carico e installando su entrambi i lati del mezzo la metà di un *Pionierbruecken*, ossia un monte mobile. Questi carri erano usati unicamente dalle unità del Genio.

Bergepanzer III

Nel 1944 (da marzo a dicembre) 176 Panzer III Ausf E, F e G vennero convertiti in Bergepanzer III, un mezzo di recupero con un equipaggiamento speciale. Infatti già nel 1944 era stata presa la decisione di far rientrare tutti i Panzer III in linea per destinarli ad altre funzioni, vista la minore competitività di fronte ai mezzi più largamente adoperati in altri eserciti. Pertanto si rimosse loro la torretta e si montò una gru da 2.200 libbre insieme ad una struttura lignea aggiunta sulla parte superiore. Avevano anche una radio FuG 5 e cooperavano spesso insieme alle batterie di Stug.

Figura 75. Bergepanzer III

Altre conversioni

Tra il 1943 e il 1944 alcuni dei Panzer di prima generazione vennero convertiti in *Schlepper* (trattori di artiglieria) e *Munitionspanzer* (carri per rifornimento munizioni). Nel caso di questi ultimi dobbiamo dire che, nel maggio del 1943, a diversi Ausf E, F e G vennero rimosse le torrette e convertiti in carri porta munizioni per le unità dei Tiger.

Due idee interessanti

Uno dei più interessanti prototipi basati sul telaio del Panzer III fu il Minenraumpanzer III, un carro "sminatore", ideato dalla Krupp. Il progetto aveva però delle falle – il problema principale riguardava la sospensione – e così non entrò mai in produzione.

Altra idea interessante fu quella avuta nell'ottobre 1943: si fecero infatti diversi test su un *Panzer III Ausf N als Schienen-Kettenfahrzeug SK1*. Tre Ausf N (montati con sospensioni da rotaia della Sauer Werke di Vienna) furono convertiti per poter viaggiare su rotaia alla incredibile velocità di 100 km/h. le particolari rotelle installate si sarebbero poi anche potute ritrarre per poter comunque viaggiare su strada. Sarebbero dovuti servire a proteggere i convogli ferroviari diretti al fronte orientale. Se ne produssero solo tre prototipi ma alla fine in progetto venne abbandonato.

Flakpanzer III

Nel 1945, alla fine della guerra, si ordinarono 90 torrette *Wirbelwind* e *Ostwind* per armare questi carri in funzione antiaerea: non si fece però in tempo a portare a termine questo ordine.

Scenari africani

La conversione più interessante a cui il Panzer III venne sottoposto, fu effettuata dalle truppe inviate in Nord Africa: qui infatti vennero convertiti dei Panzer III Ausf H danneggiati in s.I.G 33 da 150 mm, utilizzando i componenti (cannone, copertura del cannone, vani porta munizioni e altro ancora) dello Sturmpanzer II Bison (la versione allungata).

Panzerkampfwagen III Ausf H (U) - Tauchfahig/Tauchpanzer III

Durante la preparazione dell'invasione dell'Inghilterra - operazione "Seelowe" - venne operata la conversione di alcuni Panzer III e IV in carri anfibi, idonei alla navigazione a profondità comprese tra i 6 metri e i 15 metri, montando anche cingoli decisamente più larghi, per una ventina di minuti. Ogni presa d'aria o boccaporto vennero chiusi ermeticamente e il sistema di scarico venne modificato con l'installazione di valvole di non ritorno. Anche l'armamento era rivestito da materiale di gomma impermeabile; vi era anche una pompa che eliminava continuamente l'acqua che si infiltrava nel mezzo. Una piccola "canna" permetteva l'ingresso dell'aria ed era unita a un galleggiante che, negli ultimi modelli, aveva anche un'antenna radio. Aveva inoltre delle cariche esplosive fissate sui sifoni a tenuta stagna, da azionare al momento del contatto con la terra, al fine di perdere la capacità anfibia e poter operare. Una piccola imbarcazione avrebbe comunicato Dal giugno all'ottobre 1940, si convertirono 160 Panzer III Ausf F, G e H; otto Panzerbefehlswagen III Ausf E e 42 Panzer IV Ausf D. Dopo diversi test e modifiche, questi U-Panzer erano pronti per l'azione. I primi test si ebbero in agosto, con l'ausilio di apposite imbarcazioni (la "Viper" una nave con una gru per la messa in acqua dei mezzi e la fregata "Hans Herbert", con apposite rampe di discesa). con l'equipaggio sott'acqua e avrebbe provveduto a guidarne la rotta.

Figura 76. Panzer III Ausf F in Africa Settentrionale con il KwK da 50 mm

Nell'isola di Sylt, quattro squadre di volontari si allenavano duramente. Dato che l'invasione dell'Inghilterra non ebbe mai luogo, questi mezzi vennero utilizzati in Russia, e vennero usati ad esempio nell'attraversamento di fiumi, nelle fila della 6^ e 18^ Panzer Division. In totale vennero creati quattro battaglioni (A-D), che proseguirono dall'aprile 1941 l'addestramento presso Eberwalde e al lago Werbelliner. Si pianificò anche un loro uso in vista dell'invasione di Malta ma, anche in questo caso, non se ne fece nulla. Per operare sulla terra venne installata loro una presa d'aria per sommergibili di ferro al posto del tubo flessibile sopra la cupola del comandante.

Figura 77. Tauchpanzer III in allestimento per l'operazione "Seelowe"

Di seguito le tabelle comparative sulle varianti principali del Panzer III

Versione	Panzer III A	Panzer III B	Panzer III C	Panzer III D	Panzer III E
Peso	15.4 tonnellate	15,9 tonnellate	16 tonnellate	19,3 tonnellate	19,5 tonnellate
Lunghezza	m 5,69	m 5,67	m 5,85	m 5,92	m 5,38
Larghezza	m 2,81	m 2,81	m 2,82	m 2,82	m 2,91
Altezza	m 2,34	m 2,39	m 2,42	m 2,42	m 2,44
Luce libera da terra	m 0,41	m 0,41	m 0,41	m 0,41	m 0,41
Protezione	mm 10-15	mm 10-15	mm 10-15	mm 10-30	mm 30
Rotelle per lato	5+2 (ritorno)	8+3 (ritorno)	8+3 (ritorno)	8+3 (ritorno)	6+3 (ritorno)
Motore	Maybach HL 108 TR / 12 cilindri	Maybach HL 108 TR / 12 cilindri	Maybach HL 108 TR / 12 cilindri	Maybach HL 108 TR / 12 cilindri	Maybach HL 120 TRM / 12 cilindri
Trasmissione	ZF SFG 75 (5+1)	ZF SFG 75 (5+1)	ZF SFG 75 (5+1)	ZF Aphon SSG 76 (5+1)	Maybach Variorex SSG 76 (10+1)
Potenza motore	250 HP	250 HP	250 HP	250 HP	300 HP
Velocità massima	35 km/h	40 km/h	40 km/h	40 km/h	67 km/h (strada), 18 km/h (fuori strada)
Capacità serbatoio	330 litri	300 litri	300 litri	300 litri	320 litri
Autonomia	165 km su strada, 95 km fuori strada	165 km su strada, 95 km fuori strada	165 km su strada, 95 km fuori strada	165 km su strada, 95 km fuori strada	175 km su strada, 95 km fuori strada
Equipaggio	5 uomini	5 uomini	5 uomini	5 uomini	5 uomini
Armamento	3 x MG 34 da 7,92 mm 1 x KWK L/46,5 da 37 mm	3 x MG 34 da 7,92 mm 1 x KWK L/46,5 da 37 mm	3 x MG 34 da 7,92 mm 1 x KWK L/46,5 da 37 mm	3 x MG 34 da 7,92 mm 1 x KWK L/46,5 da 37 mm	3 x MG 34 da 7,92 mm 1 x KWK L/46,5 da 37 mm
Munizionamento	4500 colpi da 7,92 mm 150 colpi da 37 mm	4500 colpi da 7,92 mm 121 colpi da 37 mm	4500 colpi da 7,92 mm 121 colpi da 37 mm	4500 colpi da 7,92 mm 121 colpi da 37 mm	4500 colpi da 7,92 mm 131 colpi da 37 mm
Elevazione cannone	da -10° a +20°	da -10° a +20°	da -10° a +20°	da -10° a +20°	da -10° a +20°
Trincea massima superabile	m 2,3	m 2,3	m 2,30	m 2,30	m 2,30
Gradino massima superabile	m 0,6	m 0,6	m 0,60	m 0,60	m 0,60
Pendenza massima	30°	30°	30°	30°	30°
Traversa	360° manuale	360° manuale	360° manuale	360° manuale	360° manuale
Contatto a terra	m 2,86	m 2,86	m 2,86	m 2,86	m 2,86
Pressione a terra	15,3 psi	15,3 psi	15,3 psi	13,2 psi	13,5 psi
Guado	m 0,9	m 0,9	m 0,9	m 0,9	m 0,9
Larghezza cingoli	m 0,36	m 0,38	m 0,38	m 0,38	m 0,38

Versione	Panzer III F	Panzer III G	Panzer III H	Panzer III J	Panzer III L
Peso	19,8 t	20,3 t	21,8 t	22,3 t	22,7 t
Lunghezza	m 5,38	m 5,41	m 5,41	m 5,56	m 5,56
Larghezza	m 2,91	m 2,95	m 2,95	m 2,95	m 2,95
Altezza	m 2,44	m 2,44	m 2,44	m 2,44	m 2,44
Luce libera da terra	m 0,41	m 0,41	m 0,41	m 0,41	m 0,41
Motore	Maybach HL 120 TRM / 12 cilindri	Maybach HL 120 TRM / 12 cilindri	Maybach HL 120 TRM / 12 cilindri	Maybach HL 120 TRM / 12 cilindri	Maybach HL 120 TRM / 12 cilindri
Trasmissione	Maybach Variorex SGR 328.145 (10+1)	Maybach Variorex SGR 328.145 (10+1)	Maybach Variorex ZF SSG 77 (6+1)	ZF SSG 77 Synchromesh (6+1)	ZF SSG 77 Synchromesh (6+1)
Rotelle per lato	6+3 (di ritorno)	6+3 (di ritorno)	6+3 (di ritorno)	6+3 (di ritorno)	6+3 (di ritorno)
Potenza motore	300 HP (15,4/t)	300 HP (15,4/t)	300 HP (13,9/t)	300 HP (14/t)	300 HP (14/t)
Velocità massima	67 km/h su strada, 18 km/h fuori strada	67 km/h su strada, 18 km/h fuori strada	42 km/h su strada, 18 km/h fuori strada	42 km/h su strada, 19 km/h fuori strada	40 km/h su strada, 19 km/h fuori strada
Autonomia	165 km (strada), 95 km (fuori strada)	175 km (strada), 95 km (fuori strada)	175 km (strada), 95 km (fuori strada)	165 km (strada), 95 km (fuori)	165 km (strada), 97 km (fuori)
Capacità del serbatoio	320 litri	320 litri	320 litri	320 litri	320 litri
Consumo carburante	187 litri/100 km (strada), 336 litri/100 km (fuori)	187 litri/100 km (strada), 336 litri/100 km (fuori)	182 litri/100 km (strada), 336 litri/100 km (fuori)	182 litri/100 km (strada), 376 litri/100 km (fuori)	182 litri/100 km (strada)
Equipaggio	5 uomini	5 uomini	5 uomini	5 uomini	5 uomini
Armamento	3 x MG 34 da 7,92 mm 1 x KWK L/46,5 da 37 mm	2 x MG 34 da 7,92 mm 1 x KWK L/42 da 50 mm	2 x MG 34 da 7,92 mm 1 x KWK L/42 da 50 mm	2 x MG 34 da 7,92 mm 1 x KWK L/42 da 50 mm (50/L60 dal telaio nr.72000)	2 x MG 34 da 7,92 mm 1 x KWK 39 L/60 da 50 mm
Munizionamento	4500 colpi da 7,92 mm 131 colpi da 37 mm	2700 colpi da 7,92 mm 99 colpi da 50 mm	2700 colpi da 7,92 mm 99 colpi da 50 mm	2700 colpi da 7,92 mm 99 colpi da 50 mm (L/42) 84 colpi da 50 mm (L/60)	4950 colpi da 7,92 mm 92 colpi da 50 mm
Elevazione del cannone	da -10° a +20°	da -10° a +20°	da -10° a + 20°	da -10° a +20°	da -10° a + 20°

Dispositivo di puntamento	TZF5a	TZF5d	TZF5d	TZF5d	TZF5e
Trincea massima superabile	m 2,3	m 2,3	m 2,6	m 2,3	m 2,3
Gradino massima superabile	m 0,6	m 0,6	m 0,6	m 0,6	m 0,6
Pendenza massima	30°	30°	30°	30°	30°
Guado	m 0,9	m 0,9	m 0,9	m 0,9	m 0,9
Traversa	360° manuale	360° manuale	360° manuale	360° manuale	360° manuale
Contatto a terra	m 2,86	m 2,86	m 2,86		
Pressione a terra	14,1 psi	14,1 psi	13,5 psi	13,5 psi	13,5 psi
Equipaggiamento radio	FuG 5	FuG 5	FuG 5	FuG 5	FuG 5
Larghezza cingoli	36 cm	36 cm	40 cm	40 cm	40 cm
Componenti dei cingoli	99 pezzi	99 pezzi	99 pezzi	99 pezzi	99 pezzi
Larghezza cingoli	m 0,38	m 0,38	m 0,4		
Protezione	da 12 mm a 30 mm	da 12 mm a 30 mm (37 mm mantlet)	da 10 mm a 30+30 mm	da 18 mm a 50 mm	da 18 mm a 50+20 mm

Versione	Panzer III M	Panzer III N
Peso	22,7 t	23 t
Lunghezza	m 6,41 (5,52 m solo scafo)	m 5,52
Larghezza	m 2,95	m 2,95
Altezza	m 2,50	m 2,50
Luce libera da terra	m 0,41	m 0,41
Motore	Maybach HL 120 TRM / 12 cilindri	Maybach HL 120 TRM / 12 cilindri
Trasmissione	ZF SSG 77 Synchromesh (6+1)	ZF SSG 77 Synchromesh (6+1)
Potenza motore	300 HP (13,2/t)	300 HP (13/t)
Capacità del serbatoio	320 litri	320 litri
Consumo carburante	183 litri/100 km su strada	206 litri/100 km (strada), 337 litri/100 km (fuori strada)
Autonomia	155 km su strada, 97 km fuori strada	155 km su strada, 95 fuori strada
Velocità massima	40 km/h su strada, 19 km/h fuori strada	40 km/h su strada, 19 km/h fuori strada
Autonomia	155 km (strada), 97 km (fuori strada)	155 km
Equipaggio	5 uomini	5 uomini

Armamento	2 x MG 34 da 7,92 mm 1 x KWK 42 L/60 da 50 mm	2 x MG 34 da 7,92 mm 1 x KWK L/24 da 75 mm
Munizionamento	3750 colpi da 7,92 mm 92 colpi da 50 mm	3750 colpi da 7,92 mm 64 colpi da 75 mm
Elevazione del cannone	da -10° a + 20°	da -8° a + 20°
Dispositivo di puntamento	TZF5e	TZF5b
Trincea massima superabile	m 2,6	m 2,6
Traversa	360° manuale	360° manuale
Gradino massima superabile	m 0,6	m 0,6
Pendenza massima	30°	30°
Guado	m 0,9	m 0,9
Pressione a terra	13,4 psi	14,6 psi
Equipaggiamento radio	FuG 5	FuG 5
Contatto a terra	m 2,86	m 2,86
Larghezza cingoli	40 cm	40 cm
Componenti dei cingoli	99 pezzi	99 pezzi
Protezione	da 10 mm a 50+20 mm	da 10 mm a 50+20 mm

Osservazioni e commenti

Alcune delle ultime varianti del Panzer III vennero dotate di una torretta con vani di immagazzinamento laterali (Gepack Kasten). Durante i primi mesi dell'operazione "Barbarossa", periodi di facili vittorie, diversi Panzer III vennero dotati di un rimorchio al seguito al fine di avere a disposizione del carburante extra, così da avere maggiore autonomia. Durante la produzione, come abbiamo visto, il design del carro subì diverse modifiche che interessarono varie componenti: la torretta (variarono la cupola del comandante, la copertura del cannone, i fori per la visuale, la corazza), lo scafo (portelli di ingresso), la sovrastruttura (prese d'aria, protezione, disposizione dei fari). Durante il servizio o le riparazioni i mezzi vennero spesso riarmati, riparati o ri-equipaggiati con componenti del tutto nuove o create originariamente per altri modelli. Il Panzer III si guadagnò sul campo la fama di essere un carro ben realizzato, manovrabile e adattabile. La sua creazione segnò un punto di svolta nel modo di realizzare i veicoli corazzati nell'industria germanica, ma anche in campo alleato e sovietico. Fu quasi un modello fisso di confronto, da eguagliare e superare.

Figura 78. Panzer III Ausf F a Stalingrado

Fino alla metà del 1943 fu il migliore carro in dotazione all'esercito tedesco, se si tiene sottomano il rapporto tra qualità e efficacia; da quel momento in poi, però, sarà superato da diversi modelli su tutti i fronti. In totale vennero prodotti 15.000 scafi per il carro e le versioni dei cannoni d'assalto. La strutturazione del PzKpfw III era in sostanza uguale a quella di tutti gli altri veicoli: pilota sul davanti a sinistra e mitragliere-radiofonista alla sua destra; torretta per tre uomini al centro dello scafo; capocarro provvisto di cupola al centro della torretta nella parte superiore; motore nella parte posteriore dello scafo; sospensioni a barra di torsione dal PzKpfw III Ausf E in poi, costituite per ciascun lato da sei piccole ruote portanti; ruota motrice avanti e ruota di rinvio dietro; tre rulli guidacingolo. Da considerare anche il fatto che nel 1942 gli inglesi stilarono un rapporto accurato su alcuni Panzer III Ausf F catturati ai tedeschi e lo inviarono al Dipartimento di Ordinanza dell'esercito americano. Dopo averlo esaminato, gli statunitensi decisero di montare lo stesso sistema della barra di torsione sui modelli che si apprestavano a creare, come l'M18, M24 e M36.

La tabella riepiloga cronologicamente numero e tipo dei Panzer III prodotti:

Variante	**Periodo di produzione**	**Mezzi prodotti**
Ausf A	1937	15
Ausf B	1937	15
Ausf C	1937/38	15
Ausf D	1938	30
Ausf E	1938/39	96
Ausf F	1939/40	435
Ausf G	1940/41	600
Ausf H	1940/41	308
Ausf J (prima serie)	1941/42	1.549
Ausf J (ultima serie)	1941/42	1.067
Ausf L	1942	653
Ausf M	1942/43	250
Ausf N	1942/43	700

Di seguito vediamo anche, a confronto, la capacità distruttiva dei due cannoni da 50 mm montati sui Panzer III. E' da ricordare che il KwK3 39 L/60 fu creato più tardi e venne installato su di un numero inferiore di veicoli.

50mm KwK 38 L/42 Penetrazione della corazza a 30°					
Munizioni	**100m**	**500m**	**1000m**	**1500m**	**2000m**
Panzergranate 39	54mm	46mm	36mm	28mm	22mm
Panzergranate 40	96mm	58mm	0mm	0mm	0mm
50mm KwK 39 L/60 Penetrazione della corazza a 30°					
Munizioni	**100m**	**500m**	**1000m**	**1500m**	**2000m**
Panzergranate 39	67mm	57mm	44mm	34mm	26mm
Panzergranate 40	130mm	72mm	38mm	0mm	0mm

L'ottima riuscita anche di questo mezzo, malgrado la tardiva introduzione su vasta scala (fu protagonista essenzialmente dal 1941 al 1943), permise nei primi anni di guerra l'avanzata incontenibile della Wehrmacht su tutti i fronti. La sua creazione sarebbe dovuta avvenire certamente prima, ma il dibattito sull'armamento principale, il relativo riarmo che ne seguì e il costo elevato rispetto ai mezzi finora prodotti, fecero sì che non si potessero anticipare i tempi. Fu però uno degli ultimi momenti in cui i tedeschi si trovarono a dover "rincorrere" tecnicamente i loro avversari per colmare le lacune dovute al ritardo e agli impedimenti che dovettero affrontare in questione di riarmo. Le potenzialità di questo carri furono comunque sfruttate a fondo, fin quando non fu palese la sua inadeguatezza rispetto agli altri mezzi. Le numerose conversioni a cui verrà sottoposto saranno tuttavia indicative della bontà del progetto alla base della sua realizzazione e della duttilità del mezzo. Per concludere, il riassunto delle conversioni a cui il carro fu sottoposto.

PzKpfw III (Flamm) Ausf. M (Sd. Kfz. 141/3) - carro lanciafiamme
Befehlswagen III Ausf. D1 (Sd.Kfz 267-268) - carro comando
Befehlswagen III Ausf. E (Sd. Kfz. 266-268) - carro comando
Befehlswagen III Ausf. H (Sd. Kfz. 266-268) - carro comando
Befehlswagen III Ausf. K - carro comando
Beobachtungswagen III - mezzo di osservazione (Sd.Kfz.143)
Bergepanzer III (Sd. Kfz. 143) - mezzo da recupero
Sturmgeschütz III Ausf A - E (Sd.Kfz.141)
Sturmgeschütz III (40) Ausf F/G (Sd.Kfz.141/2)
Sturmhaubitze 42 (Sd.Kfz. 142/2) 105mm L/28 (L/30) - cannone d'assalto
Stug 33 - 150mm carro di supporto
Munitionspanzerwagen III Ausf E/F/G - rifornimento munizioni
Munition Schlepper - rifornimento munizioni
Pionierpanzerwagen III - carro del genio
Panzer III Ausf N Schienen-Kettenfahrzeug - carro su rotaia
Panzer III Ausf G/H mit Schachtellaufwerk
Panzer III Ausf. E(U) (37mm gun) - carro anfibio
Panzer III Ausf. F(U) (50mm L/42 gun) - carro anfibio
Panzer III Ausf D1(U) - carro comando anfibio
Panzer III Ausf H(U) - carro comando anfibio
Minenraumpanzer III - veicolo anti-mine (prototipo)
Flakpanzer III (progetto)
Artillerie Schlepper - trattore d'artiglieria

Sturmgestschutz III e IV

Lo Stug III fu uno dei carri d'assalto più largamente prodotti dai tedeschi nel corso della guerra. I carri d'assalto erano più facili, meno costosi e più veloci da costruire di qualsiasi altro carro armato; per questo motivo, i tedeschi ne produssero migliaia. Uno Stug III, infatti, costava 82.500 ReichsMarks mentre un Panzer III Ausf M 103.163 e un Panzer IV Ausf F2 115.962RM; il costo di quattro Stug III era equivalente a quello di un Tiger. L'idea alla base della progettazione di questo tipo di carri consisteva nella possibilità di realizzare una aggiore sinergia e un supporto per le divisioni di fanteria da parte delle unità della *Sturmartillerie*. Tale progetto venne avanzato nel 1935 dal colonnello Erich von Manstein. Questo tipo di carri, senza torretta mobile (o solo parzialmente tale, da consentire al massimo rotazioni di 15-20°), doveva accompagnare l'attacco della fanteria con lo scopo di neutralizzare casematte, bunker, nidi di mitragliatrici, postazioni anticarro e ogni altro genere di ostacolo che si presentasse ai fanti durante l'attacco. Il 15 giugno 1936 venne ordinato alla Daimler-Benz AG la progettazione di un veicolo che soddisfacesse queste caratteristiche e montasse un cannone da 75mm. Il cannone doveva avere un'elevazione di almeno 25°, così da coprire un raggio di circa 6 km di gittata. Tuttavia la struttura su cui si sarebbe dovuto installare il cannone avrebbe dovuto assicurare una completa protezione per l'equipaggio e, nello stesso tempo, l'altezza complessiva del veicolo non doveva superare quella di un uomo medio.

La Daimler, già impegnata nella produzione del Panzer III, decise pertanto di utilizzare lo stesso telaio, e relativi componenti, anche per lo Stug. La prima serie sperimentale – Serie 0 –, che comprendeva cinque prototipi (60201-60215), venne assemblata nel 1937 utilizzando il telaio del Panzer III Ausf B montato con sovrastrutture in acciaio tenero con un cannone StuK (Sturmkanone) da 75mm corto, disegnato e prodotto dalla Krupp. I veicoli vennero esaminati con attenzione a Kummersdorf, Doberitz e Jueterborg; rimasero comunque in uso come veicoli di addestramento fino alla fine del 1942. I primi veicoli entrarono in produzione nel 1940, basati sul telaio e i componenti del Panzer III Ausf F. Venne montato il cannone StuK 37 L/24 da 75mm nettamente spostato sulla destra della sovrastruttura, piuttosto pesante, composta da piastre corazzate saldate sullo scafo.

Figura 79. Stug III della serie "0"

Questo cannone aveva però una bassa velocità e, per quanto si mostrò da subito micidiale contro i carri leggeri e medi sovietici e non, poco potè fare contro i famigerati T 34-76 o VK1 e VK2 malgrado l'80% dei proiettili trasportati fosse ad alta carica esplosiva; più avanti vedremo come si ovviò a questo inconveniente. Vennero rimossi i portelli laterali presenti sulla torretta del Panzer III e la protezione anteriore del carro venne elevata da 30 a 50mm. La Alkett riuscì a produrre i primi 30 Sturmgeschutz III Ausf A tra gennaio e maggio 1940.

Figura 80. Stug III Ausf A

I primi 24 carri (dei 30 prodotti) equipaggiarono la 640^, 659^, 660^ e 665^ batteria della *Sturmartillerie* e parteciparono alla campagna di Francia. Secondo il piano organizzativo stabilito nel novembre dell'anno precedente, ogni batteria doveva avere in dotazione sei carri ed era divisa in tre plotoni (quindi con due carri per plotone). I sei restanti Stug vennero dati alla batteria della *Sturmartillerie* della *SSLAH*; vennero poi formate anche altre due batterie (la 666^ e la 667^), che però non vennero impiegate in Francia. Nell'agosto 1940 le unità della *Sturmartillerie* vennero riorganizzate in battaglioni formati da tre batterie, ognuna della quali con sei carri. Nel marzo 1941 il numero dei carri per ogni batteria venne aumentato di un'unità. Con l'avvio dell'operazione Barbarossa, si inviarono sei battaglioni nel settore settentrionale, centrale e meridionale del fronte orientale, per un totale di 108 carri d'assalto. Il battesimo del fuoco avvenne soprattutto negli assedi per la conquista di Kiev e Kharkov (sede di varie fabbriche di carri armati), sotto il comando di von Richenau, il quale aveva fatto confluire nella sua armata tutti i battaglioni disponibili. Il duro inverno del 1941 rappresentò il primo vero ostacolo per i tedeschi nella campagna di Russia e gli Stug risentirono molto per il clima rigidissimo: frequente era il congelamento dell'olio del motore e il blocco, causa ghiaccio, degli ingranaggi del motore e del dispositivo di puntamento. Per fronteggiare, fra l'altro, la difficoltà dalla neve alta e dal conseguente fango nei mesi primaverili, vennero montati, come su altri carri, gli Oskette.

Figura 81. Stug III Ausf C/D Sd.Kfz 142 (IWM STT 4461)

Con questo allargamento dei cingoli si era ora alla pari con la mobilità dei carri russi anche in condizioni disagiate per le condizioni del fondo stradale. Gli Stug guadagnarono inoltre diversi punti nella marcia fuori strada, che questo carro soffriva maggiormente rispetto ad altri corazzati.

Nel 1942, con l'introduzione del nuovo cannone L/43 e L/48, i battaglioni di Stug vennero riorganizzati e dotati di 28 carri ciascuno: nove per plotone e un carro comando. Nel novembre 1942 ebbe luogo un nuovo riordino delle unità e il numero di carri venne portato a 31, compresi tre carri comando (uno per batteria). Questo impianto organizzativo, in cui i battaglioni venivano anche denominati brigate, rimase in uso fino alla fine della guerra. Il maggior numero di cannoni d'assalto usati contemporaneamente si ebbe nell'operazione *Zitadell*, per la conquista di Kursk, ove ne furono schierati circa 600; i risultati non furono però ottimali come altre volte in passato. Nel giugno 1944 le brigate di Stug vennero ampliate e furono dotate di 45 veicoli: 33 Stug III/IV (con cannone L/48 da 75mm) e 12 Sturmhaubitze 42 (con cannone L/28 da 105mm). Questo tipo di organizzazione, molto complessa ed efficace, non ebbe mai completa realizzazione e solo poche unità riuscirono ad essere organizzate in questo modo e avere i ranghi con tutti gli effettivi. Verso la fine della guerra, una quarantina di Stug vennero usati anche da altre unità come rimpiazzo per i mezzi perduti (Panzer III, IV e Panther) da parte dei battaglioni delle Panzer Divisionen; ciò fu sicuramente un errore, ma la scarsità di mezzi corazzati lo impose come una necessità impellente.

Durante il corso della guerra furono così formate con gli Stug III nell'ordine: batterie della *Sturmartillerie*, *Sturmgeschutz Abteilungen*, *Sturmgeschutz Brigades*, *Sturmartillerie Brigades*, *Ersatz Abteilungen* (battaglioni di riserva) e *Funklenk Companies* (compagnie di controllo remoto). Gli Stug furono presenti su ogni fronte fino alla fine della guerra, ma solo le divisioni di elitè della Wehrmacht (come la Grossdeutschland) e delle Waffen SS (SSLAH, Totenkoft e Das Reich) ebbero brigate di Stug permanenti. Tuttavia queste unità di artiglieria mobile venivano spostate di sovente ove ve ne fosse bisogno a seconda delle improvvise necessità. In origine, gli Stug furono ideati come armi offensive, ma progressivamente si andò accentuando la loro funzione difensiva: si è pertanto evoluto da carro d'assalto a cacciacarri. Il compito principale a cui doveva assolvere era comunque quello della neutralizzazione di qualsiasi dispositivo anticarro nemico. Il compito di supportare la fanteria era reso possibile dalla scarsa altezza del carro, dal cannone potente e dall'ottimo dispositivo di puntamento, che permetteva di individuare i bersagli fino ad un raggio di 2 km per i colpi perforanti (1,5 km per quelli normali).

Figura 82. Stug III in parata a Parigi

Un cenno particolare meritano poi gli equipaggi, i cui risultati mostrarono il livello di perfezione raggiunto dagli uomini della Wehrmacht e delle Waffen SS insieme a quello dei loro mezzi: caratteristica peculiare degli Stug era, fra l'altro, un'estrema mobilità e facilità di manovra negli ambienti più disparati. Solo i combattimenti urbani potevano creare qualche difficoltà agli Stug, per la loro stessa struttura, in quanto nelle strade strette e nei palazzi ravvicinati era facile neutralizzarli sparando con semplici bazooka verso i cingoli, avendo infatti il nemico molteplici punti ove annidarsi. Ma anche queste difficoltà furono superate con successo dagli straordinari equipaggi, i quali anche in ambienti cittadini, adottarono la tattica del "mordi e fuggi": si trovava un posto adatto per piazzare il carro in un luogo ove fosse coperto da più lati, poi si usciva allo scoperto, si sparavano uno o due colpi al massimo e poi si tornava nel nascondiglio, sfruttando l'estrema mobilità del mezzo.

Varianti	Periodo di Produzione	Veicoli Prodotti
Ausf A	Gennaio - Maggio 1940	30
Ausf B	Giugno 1940 - Maggio 1941	320
Ausf C	Maggio - Settembre 1941	50
Ausf D	Maggio - Settembre 1941	150
Ausf E	Settembre 1941 - Marzo 1942	272
Ausf F	Marzo - Settembre 1942	359 + 1 prototipo
Ausf F/8	Settembre - Dicembre 1942	334
Ausf G	Dicembre 1942 - Marzo 1945	7720 + 173 convertiti

Questa tattica fu decisiva nel corso della battaglia per la conquista della cima di Montecassino, una delle battaglie più cruente di tutto il conflitto, dove i paracadutisti della "Hermann Goering" avevano piazzato uno Stug nelle vicinanze del monastero. Solo grazie all'intervento dell'aviazione le truppe alleate riuscirono a fiaccare, peraltro non definitivamente, le ultime difese.

Figura 83. Stug III Ausf G tra le rovine di Montecassino dopo i bombardamenti

In Italia, paese montuoso con una rete stradale lenta e dissestata dopo i bombardamenti alleati, gli Stug vennero inviati in buon numero (soprattutto gli Stug IV) incorporati nella 17° Panzergrenadier SS, e conseguirono per questo ottimi risultati, sicuramente migliori di quelli dei carri armati. Da qui fino alla fine della guerra ebbero infatti diverse occasioni per essere sfruttati anche come postazioni anticarro e di artiglieria più o meno mobili. All'Ausf A seguirono le varianti migliorate B, C, D ed E, tutte armate con un cannone corto StuK 37 L/24 da 75mm. Gli ultimi Stug III vennero prodotti dalla Alkett fino al marzo 1942 (per un totale di 822 carri) e la loro designazione ufficiale fu *Gepanzerter Selbstfahrlafette fur Sturmgeschutz 7.5cm Kanone Ausf A-E / Sd.Kfz.142.* I primi Stug rimasero attivi fino al luglio 1943.

Figura 84. Stug III Ausf B in Russia

Molti di questi primi carri vennero ritirati per essere riarmati o maggiormente corazzati. Alcuni carri delle prime varianti tornarono nelle fabbriche per essere riparati o aggiornati, spesso mediante l'aggiunta di pezzi più recenti o di altri carri. Vennero così a crearsi delle varianti assolutamente anomale, come uno Stug armato con un cannone StuK 40 da 75mm distrutto a Berlino. Lo Stug III Ausf E fu il primo della serie a montare anche una MG 34 da 7,92mm sulla sovrastruttura, per la difesa ravvicinata e antiaerea. Tre Ausf D vennero inviati in Africa Settentrionale e vennero incorporati nella *Sonderverband z.b. V 288*, un'unità speciale. Nel marzo 1942 entrò in produzione l'Ausf F, un carro d'assalto utilizzabile all'occasione anche come cacciacarri. I primi modelli montarono un cannone StuK 40 L/43 da 75mm, mentre gli ultimi 31 un più lungo L/48; venne prodotto in 359 esemplari fino al settembre 1942 seguito poi dall'Ausf F/8, armato esclusivamente con cannoni L/48 (unico cannone in grado di neutralizzare i carri pesanti sovietici). Venne prodotto fino al dicembre 1942 in 334 esemplari, a cui venne anche allargato lo scafo.

Questa variante spianò la strada per la versione definitiva: l'Ausf G. Le ultime tre varianti vennero anche conosciute come Stug III (40), per via dell'analogo armamento con il cannone StuK 40. L'Ausf F e F8 furono prodotti dalla Alkett e la loro designazione ufficiale fu *Gepanzerter Selbstfahrlafette fur Sturmgeschutz 7.5cm Sturmkanone 40 Ausf F-F/8 / Sd.Kfz.142/1.*

Figura 85. Stug III Ausf F/8 in Tunisia

Nel 1942, al fine di migliorare le prestazioni del carro, si armarono alcune mezzi di varie varianti con lo StuK L/33 da 75 mm, che esternamente assomigliava allo StuH 40 L/28 da 105, creando non poca confusione. In realtà nessuno Stug venne mai armato con quel cannone, e questo errore fu dovuto all'erronea interpretazione da parte degli inglesi di alcune foto dell'Ausf F con il lungo cannone L/43, che aveva la rottura della museruola verniciata fuori dai censori, proprio come il più recente L/33. Fra maggio e giugno 1943, 10 Stug danneggiati in battaglia vennero ritirati e tramutati in lanciafiamme, essendo stati armati con il Flammenwerfer da 14 mm e designati come Stug III (Fl). Fino al giugno 1943 furono però usati solo come veicoli di addestramento in Germania e dal gennaio 1944 furono riarmati con cannoni StuK 40 L/48 da 75 mm.

Figura 86. Stug III Ausf F con StuK 40 L/48 da 75 mm

L'Ausf G entrò in produzione dal dicembre 1942 fino a marzo 1945 e fu la variante prodotta in numero maggiore, con 7.893 esemplari prodotti dalla Alkett (Altmaerkische Kettenfabrik GmbH) e dalla MIAG (Muehlenbau-und-Industrie AG). Quest'ultima iniziò a fabbricare anch'essa gli Stug dal marzo 1943 e produsse circa 2.900 mezzi. Il picco della produzione si ebbe nel 1944, con 4.013 esemplari prodotti. Il numero sopra citato comprende anche 165 Panzer III Ausf M convertiti nel 1943 e altri 173 nel 1944. L'Ausf G venne prodotto in quattro serie, questi i numeri di telaio: la prima dal 76101 al 77550, la seconda dal 91751 al 9250, la terza dal 95001 ma non si conosce il punto di arrivo, così come per la quarta che partì al 105001. L'Ausf G montava lo stesso guscio, motore, sospensione e componenti dell'Ausf F/8; venne modificata solo la sovrastruttura. Questa venne allargata, i lati vennero inclinati a 79° (protetti da 30 mm di corazza), si munì di ulteriore protezione il portello dell'equipaggio, la copertura superiore venne rialzata e la parte posteriore venne così montata a 90°: in questo modo si venne a creare un maggiore spazio per il comandante e il caricatore. Al cambiamento della sovrastruttura si aggiunse l'inserimento di sette periscopi sulla cupola del comandante (ognuno dei quali poteva essere mosso verso il basso o verso l'alto), l'aggiunta di una piastra di 10 mm davanti il portello del caricatore (per una maggiore protezione), ma questo avvenne solo fino al marzo 1944. Fino all'ottobre 1943 i veicoli avevano la cupola mobile, metà di quelli prodotti dopo quella data la montarono fissa fino all'ottobre dell'anno seguente. Dall'ottobre 1944 tutti tornarono a montare una cupola mobile con protezione supplementare.

Figura 87. Stug III in produzione (Bundesarchiv Bild 146-1985100-33)

I primi Stug avevano inoltre un'armatura frontale di 50 mm, poi aumentata di 30 mm con una piastra corazzata; in seguito, tutti quelli prodotti da maggio 1943 dalla Alkett e dall'ottobre dello stesso anno dalla MIAG montarono direttamente un'armatura di 80 mm. I primi modelli erano inoltre stati dotati dell'episcopio KFF2 (*Kampfwagen Fahrer Fernrohr*) per il guidatore. Durante la produzione dell'Ausf G vennero apportate anche altre modifiche, spesso temporanee, al progetto originario: in alcuni si montò il mantlet della Saukopf ottenuta tramite fusione (conosciuta anche come *Topfblende*) nel febbraio 1944; all'inizio di quell'anno si aggiunse anche una MG coassiale; si installarono *Nahverteidigungswaffe* (90mm NbK 39, mortai per granate fumogene in funzione difensiva) e nella tarda primavera del 1944 anche una MG sulla parte superiore della sovrastruttura controllata a distanza. Inoltre, i veicoli prodotti dal gennaio 1943 ebbero lo scompartimento di lotta spostato nella parte posteriore della sovrastruttura, invece che verso quella superiore. Vi furono due tipi di mantlet prodotti dalla Saukopf: uno che alloggiava solo il cannone e un altro che comprendeva anche la MG coassiale, ma solo dal settembre 1944. Le prime varianti del carro avevano una protezione frontale di 50 mm (in seguito elevata a 80 mm, come detto in precedenza) e una laterale di 30 mm; dal marzo 1943 ogni carro montò anche due Schurzen laterali di 5 mm, con l'aggiunta di ruote per la strada. Le ultime tre varianti di questo carro (F, F/8 e G) andavano via via perdendo l'originaria funzione di carri d'assalto, acquistando sempre più le caratteristiche dei cacciacarri.

Figura 88. Stug III Ausf G con Schurzen nelle pianure russe

L'1 agosto 1940, in vista dell'attacco all'Inghilterra, si pensò anche di convertire 12 Stug in carri anfibi, operazione che alla fine non si verificò (ricordiamo che per tale scopo si utilizzarono dei Panzer III). Dall'aprile al giugno 1943, 61 Stug III vennero assegnati alle *Panzerkompanien* (*Funklenk*) come veicoli comando per gli Sd.Kfz 301 (*Schiere Ladungstrager Ausf A/B/C – Borgwald*), ossia veicoli cingolati. La tabella riporta il confronto tra due varianti, che sottolinea con evidenza le maggiori dimensioni che il carro ebbe ad acquisire nel corso del suo sviluppo.

Modello	**Ausfuhrung A**	**Ausfuhrung G**
Peso	19,6 tonnellate	23,9 tonnellate
Equipaggio	4 uomini	4 uomini
Motore	Maybach HL 120 TR / 12 cilindri / 300hp	Maybach HL 120 TRM / 12 cilindri / 300hp
Velocità	40 km/h	40 km/h
Autonomia	Strada: 160km	Strada: 155km
Dimensioni (lun/lar/alt)	5,38 / 2,92 / 1,95 metri	677 / 2,95 / 2,16 metri
Armamento	75 mm StuK 37 L/24	75 mm StuK 40 L/48 2 x 7.92mm MG 34 o MG42
Munizioni	75 mm - 44 colpi	75 mm - 54 colpi 7.92 mm - 600 colpi

Di seguito il riepilogo delle varianti di questo mezzo:

Sturmgeschütz III - Sd.Kfz. 142

- Ausf A - 75mm StuK 37 L/24
- Ausf B - 75mm StuK 37 L/24
- Sturminfanteriegeschütz 33 Ausf B - 150mm sIG33 L/11
- Ausf C - 75mm StuK 37 L/24
- Ausf D - 75mm StuK 37 L/24
- Ausf E - 75mm StuK 37 L/24
- Sturminfanteriegeschütz 33 Ausf E - 150mm sIG33 L/11

Sturmgeschütz III (40) - Sd.Kfz. 142/1

- Ausf F - 75mm StuK 40 L/43 and L/48
- (10.5cm) Sturmhaubitze 42 Ausf F / Sd.Kfz. 142/2 - 105mm StuH 42 L/28
- Ausf F/8 - 75mm StuK 40 L/43 and L/48
- Sturminfanteriegeschütz 33 Ausf F/8 - 150mm sIG33 L/11
- Ausf G "Fruhe" - 75mm StuK L/48
- Ausf G "Spat" - 75mm StuK L/48
- (10.5cm) Sturmhaubitze 42 Ausf G / Sd.Kfz. 142/2 - 105mm StuH 42 L/28

Strurm-Infanteriegeschutz 33

Lo Sturm-Infanteriegeschutz 33 era un carro pesante di supporto per la fanteria disegnato e prodotto dalla Alkett. Dal dicembre 1941 all'ottobre 1942 furono prodotti 24 s.*I.G.33 auf Fgst. Pz.Kpfw.III* (Sfl.), numero di telaio 90101-91400. Il modello era basato sul telaio dello Stug III Ausf B, mentre erano già entrate in produzione varianti migliorate dello stesso Stug. Vennero armati con un cannone L/11 da 150 mm, cannone pesante già in uso nella fanteria. Lo scompartimento della torretta permetteva di immagazzinare solo 30 colpi per il cannone e 600 per la MG; l'equipaggio era composto da 5 uomini e operarono esclusivamente sul fronte orientale. Dei 24 prodotti, 12 combatterono nel Sturmgeschutz Abteilung 177 e 244 a Stalingrado e vennero tutti distrutti. Gli atri 12 vennero usati dallo Sturm-Infanteriegeschutz-Batterie Lehr Battalion XVII (un'unità di addestramento) e poi dalla 23^ Panzer Division.

Figura 89. Sturminfanteriegeschutz III

Peso	21 tonnellate
Equipaggio	4-5 uomini
Motore	Maybach HL 120 TRM / 12 cilindri/ 300hp
Velocità	Strada: 20km/h
Autonomia	Strada: 110km / Fuori strada: 85km
Capienza del serbatoio	320 litri
Dimensioni	5.40 / 2,9 / 2,3 m
Armamento	150mm sIG 33 L/11.4 & 1 x MG34 7.92mm (1 x MG34 - torretta) + (2 x MP38 – all'interno)
Munizioni	150mm - 30 colpi 7.92mm - 600 colpi
Protezione	10-80mm

Sturmhaubitze 42

Altra variante importante fu lo *Sturmhaubitze 42*, disegnato e prodotto dalla Alkett, basato sui telai dello Stug III Ausf F e F/8 e armato con un cannone StuH 42 L/28 (L/30) da 105mm. Venne prodotto dall'ottobre 1942 ma dal 1943 furono costruiti a partire dai telai degli Ausf G. I primi veicoli montavano il freno per la museruola del cannone, cosa ritenuta in seguito superflua dal settembre 1944. Dall'ottobre 1942 al febbraio 1945 se ne produssero 1.212 e il loro ruolo principale fu quello di supportare la fanteria e le batterie di Stug III.

Nel 1944 e 1945 un piccolo numero di questi carri vennero convertiti in veicoli porta-munizioni (sia proiettili da 75 mm che da 105 mm), dopo aver rimosso il cannone, la sovrastruttura e parte della corazza laterale. Questi veicoli erano conosciuti con il nome di *Munitionspanzer auf Fahrgestell Sturmgeschutz III Ausf G / Munitionpanzer*

Sturmgeschütz III Ausf G. Nel novembre 1944 la Krupp studiò anche un progetto per armare questi carri con un cannone L/71 Pak 43/3 da 88 mm, ma l'idea rimase sulla carta.

Figura 90. Sturmhaubitze 42

Carri venduti e prede belliche

Bisogna ricordare che molti Stug III vennero catturati dai russi (circa 300), i quali li usarono temporaneamente e poi li smontarono o destinarono ad altri usi nelle seconde linee, a causa del diverso calibro delle munizioni germaniche. La loro designazione fu SU-76i ma subirono diverse modifiche rispetto agli originali germanici. Tra marzo e novembre 1943 la fabbrica numero 37 di Sverdlovsk ne modificò 201 (tra Stug, Panzer III e IV). I tedeschi si trovarono per la prima volta a fronteggiare i loro stessi mezzi nel luglio 1943 a Kursk. Oggi possiamo vedere un SU-76i basato su un Panzer III Ausf H/J a Sarny in Ucraina, come monumento presso il Lenin Prospekt Memorial; un altro si trova a Mosca. Diversi di questi carri vennero anche forniti ai finlandesi (59) e usati da questi ultimi sul fronte lappone nella campagna russa. La fornitura di carri venne estesa dai germanici anche agli altri alleati: 119 ai rumeni (Ausf F/8 e G), 55 ai bulgari (Ausf G), 40 agli ungheresi (Ausf G), cinque agli italiani (Ausf G), 10 agli spagnoli (Ausf F/8 e G). Lo Stug III Ausf G ebbe nell'esercito rumeno la denominazion di TAS T-III (tun de asalt T-III) e rimase in servizio fino agli anni '50. In Bulgaria lo Stug III Ausf G venne conosciuto come SO-75. Durante la guerra Croazia, Svezia, Portogallo, Turchia e Svizzera furono interessate all'acquisto i vari Stug III (40) e StuH 42 ma gli affari non furono conclusi. Alla fine della guerra, circa 28 Stug III Ausf G furono inviati in Siria dalla Francia, Spagna e Romania e rimasero in servizio fino al 1967; alcuni dei quali furono catturati dagli israeliani.

Sturmgeschütz IV

Anticipo in questo capitolo la trattazione dello Stug IV, per completare in questo modo la trattazione della serie di questi carri, che tanta fortuna ebbero nel corso delle vicende belliche. Nel dicembre 1943 venne introdotto anche lo Stug IV, carro simile al precedente ma con una sovrastruttura leggermente modificata al fine di aumentare lo spazio a disposizione del pilota, montata sul telaio del Panzer IV. La maggior parte dei componenti veniva comunque dal Panzer III; si trattò quindi di un bel mix. Dal dicembre 1943 al marzo 1945 ne furono prodotti dalla Krupp-Grusonwerk AG 1.139 negli stabilimenti di Magdeburgo in due serie. Montava un cannone L/48 StuK 40 da 75mm e comprendeva un equipaggio di quattro uomini. Quasi tutti questi carri furono aggregati alle unità di fanteria in apposite compagnie, tranne qualche eccezione. Alcune fonti lo designano come Sd.Kfz. 163. Si fecero anche tentativi per installarvi un più potente cannone L/70, conclusisi negativamente.

Figura 91. Sturmgeschutz IV

La sua designazione formale fu Sturmgeschütz IV (7.5cm StuK40 L/48 - SdKfz 167). Il carro misurava 6,70 metri in lunghezza, 2,95 di larghezza e 2,20 in altezza. Montava un'apparecchiatura radio FuG15 o FuG16 per la comunicazione con il comando o con gli altri carri. Montava un cannone StuK40 L/48 da 75mm, di cui poteva trasportare 63 colpi a bordo. L'elevazione del cannone poteva esser manovrato manualmente per un arco da -6° a +20° in senso nord-sud e di 10° in senso est-ovest. Il cannone era situato ad 1,55 metri dal suolo e sporgeva dal guscio di 78 cm. Montava poi anche una MG da 7,92 mm con 600 colpi a bordo. Il motore che lo azionava era un Maybach HL 120 TRM da 300 hp e 3.000 giri al minuto a 12 cilindri. Aveva un cambio con 6 marce più la retro e su strada aveva un'autonomia di 210 km, mentre fuori strada di soli 130 km. Non aveva ammortizzatori, le ruote dentate di azionamento erano nella parte anteriore del cingolo; i tenditori in quella posteriore. Il suo serbatoio conteneva 430 litri di carburante e poteva raggiungere anche la discreta velocità di 38 km/h. Come si può notare, era un mezzo altamente dispendioso in termini di carburante e ciò si fece sentire negli ultimi periodi di guerra.

Figura 92. Sturmgeschutz IV (modello della Krupp)

Ogni cingolo era composto da 99 piastre, ognuna delle quali era larga circa 40 cm – era stata molto utile in tal senso l'esperienza russa – e circa 3,90 metri di cingolo erano in permanente contatto con il suolo. Poteva inoltre superare un guado di 120 cm e un ostacolo verticale di 60 cm, essendo la parte iniziale e terminale dei cingoli inclinata di 30°. Per quanto riguarda la corazza vediamo che il telaio aveva una protezione frontale di 80 mm inclinata di 76°, sui lati di 30 mm inclinata a 90°, una posteriore di

20 mm ad 80° e una superiore di 10 mm a 0°. La sovrastruttura ne aveva invece una di 80 mm inclinata ad 80° frontalmente, di 30 mm inclinata a 79° lateralmente, di 30 mm inclinata a 90° sul retro e di 11 mm a 0-15° superiormente. Il mantlet della Saukopf era spesso 8 cm. L'equipaggio era composto da quattro uomini: il comandante nella parte posteriore di sinistra del guscio, l'addetto al cannone nella parte di centro-sinistra del guscio, il caricatore nella parte posteriore di destra del guscio e il pilota nella parte anteriore di sinistra del guscio. Il peso complessivo del mezzo era di 23 tonnellate. Il diametro minimo di rotazione di cui aveva bisogno per effettuare un giro completo su sé stesso era di 5,92 metri.

Osservazioni e commenti

Il disegno originario dello Stug subì nel corso della guerra diverse modifiche soprattutto nella ruota dentata della sospensione e del relativo disegno che tendeva a ridurla al minimo come dimensioni; la sovrastruttura, con diversi interventi che interessarono fari, ventilatore, cupola e il suo stesso disegno e altre apparecchiature, come quelle visive e di controllo remoto del cannone. Queste differenze sono ben visibili fra le diverse varianti, anche se le prime si basavano maggiormente sul modello dell'Ausf B. Una delle cose che rimasero comunque invariate fu il numero dei componenti dell'equipaggio: comandante, addetto al cannone, pilota (collegato via radio) e caricatore/operatore. Pratica molto diffusa sui campi di battaglia era l'aggiunta di uno strato di calcestruzzo sopra la parte della sovrastruttura ove era situato il pilota, per garantirgli maggior protezione. Come abbiamo già ricordato in precedenza, nelle frequenti riparazioni nelle fabbriche in Germania o nelle officine al seguito delle truppe, vennero aggiunti o sostituiti vari pezzi con materiale non originariamente nato per gli Stug. I veicoli prodotti fra il settembre 1943 e lo stesso mese del 1944 usarono colla Zimmerit, particolare perché antimagnetica. Complessivamente possiamo dire che gli Stug servirono bene sui fronti in cui vennero impiegati: la silhouette bassa li rendeva un bersaglio non facile e si comportarono bene sia in fase offensiva (soprattutto fino al 1943) che difensiva, caratteristica che andò accentuandosi negli ultimi due anni del conflitto. Gli equipaggi degli Stug erano considerati elementi d'elitè nelle unità di artiglieria e venne creata appositamente per loro una speciale uniforme grigia. Dal 1940 fino alla primavera del 1944 queste unità riuscirono a mettere fuori combattimento circa 20.000 carri nemici, destando una grandissima preoccupazione e configurandosi come le migliori unità in questo campo fra tutte quelle dei diversi eserciti. Ancora il 10 aprile 1945 vi erano in servizio 1.053 Stug III e 277 StuH III, che combatteranno fino all'ultimo nelle strade di Berlino.

Di seguito un riepilogo delle conversioni:

Sturmhaubitze 42 (Sd. Kfz. 142/2)
Stug 33 - 150mm artiglieria pesante di supporto
Sturmgeschütz III Flammpanzer
Sturmgeschütz IV (Sd.Kfz. 167)
Munitionpanzer Sturmgeschütz III Ausf G – carro rifornimento munizioni

Figura 93. Stug IV

Panzerkamfwagen 35 (t)

Nel periodo compreso fra le due guerre mondiali, la Cecoslovacchia mantenne e aumentò il proprio potenziale industriale in fatto di armamenti, riuscendo anche a progettare e realizzare carri medi e leggeri. Nel 1935 e 1936 entrarono in servizio gli Skoda LT vz.35; dal 1937 questi mezzi costituirono il nerbo delle forze corazzate dell'esercito cecoslovacco. Questo mezzo era paragonabile ad altri mezzi in servizio in quell'epoca come il 7TP polacco, il T-26 sovietico o l'M 11/39 italiano e nel 1938 vi si equipaggiarono ben quattro divisioni celeri dell'esercito. Questo carro era un mezzo tutt'altro che perfetto, tant'è che venne considerato come una soluzione temporanea in vista dello sviluppo dell'LT-38. Questo mezzo non veniva considerato affidabile anche a causa del disegno innovativo e dei pochi test svolti prima della sua distribuzione; tuttavia, nel 1938, diversi suoi problemi vennero risolti e si dimostrò un carro tutto sommato discreto. Venne pertanto prodotto in diverse varianti e vi furono anche varie sue designazioni, come R-2 e T-11. Prima della guerra ne furono venduti 126 alla Romania e designati dall'esercito rumeno come R-2. Tra il 1938 e il 1939 la Germania completò l'occupazione dell'intera Cecoslovacchia e nel marzo del 1939 i carri armati presenti nell'esercito ceco vennero confiscati e incorporati nella Wehrmacht; solo 79 vennero lasciati alla 3^ Divisione Celere dell'esercito slovacco, che combatterà sul fronte orientale.

Figura 94. Panzer 35 (t) in marcia

Nell'esercito tedesco questo carro venne designato Panzerkampfwagen 35(t): la lettera "t" stava per Tschechisch. I carri vennero poi dotati di una radio FuG 5 (ricevitore e trasmittente) e una FuG 2 (solo ricevitore). Ci fu anche l'installazione di luci Notek sui parafanghi anteriori sinistro e luci tedesche sul retro dei serbatoi. Un'altra modifica importante è stata la sostituzione dei magneti cechi con quelli Bosch, prodotti in Germania. Per aumentare l'autonomia dei veicoli, il carburante extra veniva trasportato in taniche installate in rastrelliere nella parte posteriore dello scafo. L'equipaggio venne aumentato di un uomo, addetto al cannone, per incrementare la potenza di fuoco e ridurre così le mansioni in capo al comandante, così da aumentare l'efficienza del mezzo e del suo equipaggio. Questo carro, quasi paragonabile al Panzer III, costituì una grande risorsa per la Panzerwaffe, in un momento in cui carri più pesanti del Panzer II erano pressoché assenti. Pertanto, malgrado i cechi avessero deciso di interrompere la sua produzione nel 1938, i tedeschi decisero di prolungarla a tutto il 1939, sotto la loro supervisione, sia presso la CKD (Ceskomoravska Kolben Danek) di Praga che presso la Skoda di Pilsen; entrambe questi grandi impianti industriali entreranno dopo il 1938 a far parte della *Reichswerke Hermann Goering*. I 424 carri prodotti tra il 1935 e il 1939 (340 dalla Skoda e 84 dalla CKD) formarono il nerbo della 1^ Leichte Division durante la campagna di Polonia e poi della 6^ Panzer Division (designazione formale della 1^ Leichte Division) durante la campagna di Francia e di Russia. Anche se il sistema pneumatico si mostrò molto sensibile al freddo estremo.

Figura 95. Panzer 35 (t)

Peso	10,5 tonnellate
Equipaggio	4 uomini
Motore	Skoda T 11 / 6 cilindri / 120 hp
Velocità	35km/h
Autonomia	Strada: 190 km Fuori strada: 120 km
Dimensioni	4,9 / 2,1 / 2,35 metri
Armamento	37 mm KwK 34(t) L/40 (Skoda 37mm A3 vz.34) 2 x 7.92 mm MG34 o MG35/37(t)
Munizioni	37mm - 72 fino a 90 colpi 7.92mm - 1800 fino a 2550 colpi
Protezione	8-25 mm

Nella tabella seguente alcuni qualche dati sulla potenza del cannone ceco originariamente installato su questi veicoli

37 mm KwK 34(t) L/40 Penetrazione di una corazza inclinata a 30°					
Colpo	**100m**	**500m**	**1000m**	**1500m**	**2000m**
Panzergranate 39	37mm	31mm	26mm	22mm	0mm

Impiego bellico

Questo carro partecipò con successo alla campagna di Polonia e a quella di Francia mentre, al momento dell'invasione della Russia, era già superato e il suo apporto fu trascurabile. Risentiva molto delle condizioni atmosferiche e nell'inverno 1941 i componenti meccanici dimostrarono la loro inadeguatezza in certe condizioni climatiche. La costruzione dei carri si focalizzò sulla protezione che spesso cedeva a causa della bullonatura, creando situazioni spesso mortali per gli uomini dell'equipaggio. Alla fine del 1941 i tedeschi avevano già in produzione carri decisamente migliori di questo, così il suo ruolo venne relegato alla seconda linea, in unità con funzione di polizia o antipartigiane. Alcuni di essi vennero dati agli eserciti alleati (slovacchi, bulgari, italiani, ungheresi e rumeni) o usati dalla polizia del Reich. Il 18 luglio 1942 erano solo 178 i Panzer 35(t) rimasti in servizio nelle forze armate germaniche. Alcuni di essi erano ancora in servizio nel 1944 quando, in agosto, vi fu la sommossa nazionalista.

Figura 96. Panzer 35 (t) dell'esercito tedesco nelle pianure russe

Conversioni e progetti

Da quando venne introdotto nell'esercito tedesco, questo carro venne subito considerato una buona base per diverse conversioni. Nel settembre del 1940 la Skoda preparò anche il progetto per un altro carro, il T-13, ma non entrò mai in produzione. Dal marzo 1942 fino agli inizi del 1943 a 49 carri venne tolta la torretta e la parte superiore dello scafo, montando un tendaggio al posto della sovrastruttura: si crearono così dei *Morser Zugmittel /Artillerie Schlepper 35(t)*, come trattori d'artiglieria. Alcuni di essi furono anche montati con un rimorchi da 12 tonnellate sul retro; qualcuno prestò anche servizio nelle batterie costiere. Dopo la campagna di Polonia si era poi pensato di utilizzare il telaio del Panzer 35(t) per realizzare il *Panzerjager 35(t) / 4,7cm Sfl auf PzKpf 35(t)*, armato con un cannone anticarro Skoda

Pak 36(t) L/43, ossia il cannone ceco Skoda A5 da 47 mm. Il progetto non venne mai realizzato, ma si fecero due prototipi basati sul Morse Zugmittel che furono in servizio sino alla fine del 1943. Altri 20 panzer 35(t) furono convertiti in Befehlswagen, con un equipaggiamento radio aggiuntivo. Vennero poi prodotti altri veicoli di supporto o ausilio per le truppe basati su questo telaio, ma in numero estremamente limitato. Infine, molte torrette dei mezzi ritirati dal fronte perché inadatti o gravemente danneggiati, vennero utilizzate per le postazioni costiere fisse in Danimarca e Corsica.

Figura 97. Panzer 35 (t) in azione

Vicende negli eserciti dell'Asse

Vediamo ora da vicino le vicende che videro protagonisti i Panzer 35(t) venduti ai rumeni. Verso la metà del 1943 una squadra diretta dall'Lt. General Constantin Ghiulai disegnò per l'esercito rumeno un cannone anticarro designato come "T.A.C.A.M Skoda R-2". Un prototipo fu pronto alla fine di ottobre e venne testato presso Suditi. Dopo queste prove nel febbraio 1944 si ordinarono 40 veicoli idonei a montarlo. A causa di difficoltà tecniche venne prodotta solo la metà dei mezzi ordinati presso la Leonida & Company di Bucarest. All'inizio vennero montati dei cannoni russi preda bellica: lo ZIS-3 e l'F-22 UWS L/42 da 76,2 mm. Il cannone veniva montato in una sovrastruttura aperta lateralmente e superiormente, scarsamente protetta, che utilizzava piastre corazzate dei veicoli nemici catturati. La sovrastruttura veniva montata al centro dello scafo, al posto della torretta, mentre gli altri componenti e pezzi rimasero invariati. Si potevano caricare solo 30 colpi per il cannone, oltre a quelli per le mitragliatrici, per la difesa ravvicinata dei tre uomini dell'equipaggio. Il mezzo pesava 11,5 tonnellate, aveva un'autonomia di 190 km e una velocità massima di 34 km/h. A causa delle difficoltà incontrate nel reperimento delle munizioni adatte ai calibri sovietici, i rumeni iniziarono a produrle per conto proprio. Queste munizioni, ribattezzate, "Costantinescu", risultarono efficaci contro i T-34/76 sovietici in un raggio inferiore ai 600 metri. Il disegno di questo carro ricorda molto da vicino la serie dei Marder, per l'alto profilo e la scarsa protezione.

Gli stessi rumeni pensarono di utilizzare su un carro analogo anche il Pak 43 L/70 da 88 mm tedesco o il loro Resita model 1943 da 75 mm, ma il progetto non fu mai realizzato. Venne però concretizzata una variante del "T.A.C.A.M Skoda R-2", basata sui T-60 russi catturati, ossia il "T.A.C.A.M T-60", di cui se ne produssero 35 nel 1943. Questi cacciacarri si scontrarono con l'Armata Rossa nell'invasione della Romania del 1944. Si fecero poi anche dei test riguardo un possibile uso dei T-26 e BT, di cui qualche esemplare cadde per breve tempo in mani rumene.

Il TACAM Skoda R-2 prestò servizio nelle fila rumene, alleate della Germania, fino al 23 settembre 1944, e da allora come avversario dei germanici anche nell'esercito slovacco. Oggi possiamo vederne uno nel museo dei mezzi corazzati di Bucarest.

Nel 1940 l'Ungheria acquistò dalla Skoda due modelli e la licenza per produrre il carro medio S-llc (T-22), una versione avanzata dell'LT-35. Dal 1942 al 1944 gli ungheresi produssero il carro medio Turan I (40M), versione modificata del T-22. In seguito realizzarono il Turan II (41M), prodotto dal 1943 al 1944 e anche il prototipo del Turan III. L'esercito ungherese schierò nel 1943 anche lo Zrinyi (40/43M), un cacciacarri basato sul Turan II, che vediamo in foto. Il Turan I era armato con un cannone L/51 da 40 mm, il Turan II con un cannone L/25 da 75 mm e lo Zrinyi con un obice L/20,5 da 105 mm. Il prototipo del Turan III avrebbe dovuto montare un cannone L/43 da 75 mm, lo stesso inizialmente previsto anche per lo Zrinyi.

Figura 98. Zrinyi ungherese

Osservazioni e commenti

I Panzer 35(t) non furono veicoli molto affidabili, ma prestarono un buon servizio nel periodo dell'espansione iniziale germanica (1938-1941). Più che mai la requisizione dei carri dell'esercito ceco fu di grande aiuto per i tedeschi, che avrebbero sicuramente incontrato maggiori difficoltà nel cogliere i successi iniziali concatenati che ottennero, senza questi mezzi. Quasi sicuramente il possesso delle due grandi industrie dell'attuale Repubblica Ceca fu un fattore che concorse ad accelerare i piani di occupazione tedeschi verso est. Furono proprio i modelli in cantiere presso questi impianti, oltre a quelli già prodotti, a contribuire al decollo dell'industria dei mezzi corazzati in Germania. Oggi possiamo vederne uno al museo di Belgrado (Serbia), a Bucarest (Romania), a Sofia (Bulgaria) ed a Aberdeen Un LT vz.35 originale è conservato in Slovacchia.

Un riepilogo delle conversioni a cui il carro venne sottoposto:

Zugkraftwagen 35(t) – trattore leggero d'artiglieria
Munitionsschlepper 35(t) – mezzo da rifornimento munizioni
Morser Zugmittel / Artillerie Schlepper 35(t) – trattore d'artiglieria
Panzerjager 35(t) - 47mm Pak 36(t) L/43 – cacciacarri
Befehlswagen 35(t) – carro comando

Figura 99. Bruckenleger su Panzer 35 (t) durante un test

Panzerkampfwagen 38 (t)

Storia ed evoluzione

Con l'accrescere delle tensioni internazionali dovute al riarmo della Germania e all'inasprimento della questione dei Sudeti, nel 1937 l'esercito cecoslovacco iniziò a progettare un nuovo carro leggero per superare i limiti evidenziati nell'LT vz 35. La Skoda presentò i prototipi S-11-1 e S-11b, mentre la CKD presentò un LT vz 35 con motore e cambio modificati e un nuovo carro, chiamato V-8-H. Durante i test si riscontrò che il progetto migliore era il TNH P-S e l'1 luglio 1938 quest'ultimo venne omologato come carro leggero ufficiale dell'esercito cecoslovacco, con il nome di LT vz 38. Nessuno di questi mezzi, tuttavia, era ancora entrato in servizio nel momento dell'occupazione tedesca del 1939. L'LT vz 38 fu il carro cecoslovacco più usato nel corso della seconda guerra mondiale, ma in mano tedesca. Venne infatti inserito nei piani di produzione nel 1938 e si rivelò il miglior prodotto dell'industria bellica cecoslovacca. Venne anche esportato in diversi varianti in vari Paesi, dove si guadagnò un'ottima reputazione: servì infatti negli eserciti svedese (con denominazione THN Sv.), iraniano (TNH), peruviano (LTP), svizzero (LTH - Pz39) e lituano (LTL).

Figura 100. Panzer 38(t)

Un rapporto militare britannico del 1939, redatto dopo alcuni test svolti su questo carro, evidenziava come fosse in grado di offrire prestazioni analoghe a quello di un Cruiser inglese, ma ne sottolineava la deficienza dello scompartimento di lotta, che poteva così condizionare negativamente le capacità operative dell'equipaggio. Anche il disegno non piacque molto agli inglesi. Nel marzo 1939, dopo la completa occupazione della Cecoslovacchia da parte della Germania, vennero confiscati tutti i carri in dotazione all'esercito ceco e si ordinò alla CKD di Praga di ultimare la produzione dei 150 carri già avviata. Tutti i mezzi furono poi incorporati nella Wehrmacht come PzKpfw 38(t) Ausf A – Sd.Kfz 140. I carri confiscati servono a colmare i vuoti nelle fila della Panzertruppe e si decise di mantenerlo in produzione fino al 1942. Durante la guerra i tedeschi ne fornirono 50 alla Romania, 90 alla Slovacchia, 10 alla Bulgaria e 102 all'Ungheria. Alcuni di questi vennero poi catturati dagli alleati e dai russi, che li utilizzarono nell'Armata Rossa. Alcuni dei carri in dotazione all'esercito slovacco presero parte all'insurrezione nazionalista slovacca nel 1944 e, dal maggio 1945, tornarono a servire nel ricostituito esercito cecoslovacco come carro di addestramento, fino al 1950. In questo periodo venne rinominato LT-38/37 (quest'ultimo numero indicava il calibro del cannone).

Produzione e varianti

Questo carro venne prodotto in otto varianti (Ausf A, B, C, D, E, F, G e S) con varie modifiche – fra cui l'aumento della protezione – tutti armati con il cannone Skoda A7 vz.38 da 37 mm, chiamato dai tedeschi 37mm KwK 38(t) L/48 (L/47,8). I modelli della prima serie erano costituiti da piastre tenute insieme da bulloni: questo fattore rappresentava un serio rischio per l'equipaggio in caso di un colpo ben assestato al carro. Pertanto, nei modelli successivi venne aumentata la protezione e alcuni vennero armati con un cannone tedesco KwK 35/36 L/46,5 da 37 mm. Sovrastruttura e torretta erano composte da lamiere di acciaio chiodate, con la parte superiore della torretta imbullonata. Lo spessore minimo della corazza era di 10 mm e il massimo di 25, ma a partire dall'Ausf E questo venne portato a 50 mm. Il posto del pilota era nella parte anteriore destra, con il mitragliere a sinistra che azionava la mitragliatrice MG 37(t) da 7,92 mm. La torretta aveva capienza per due uomini e si trovava al centro dello scafo, armata con un cannone Skoda A7 da 37,2 m, che poteva sparare proiettili perforanti e ad alto esplosivo con elevazione di 12 gradi e depressione di sei. Coassialmente al cannone, alla sua destra, vi era un'altra mitragliatrice da 7,92 mm. La dotazione delle munizioni era di 90 colpi per il cannone e 2.550 per le mitragliatrici. Il motore era montato nella parte posteriore del veicolo, accoppiato a un cambio con cinque marce e una retromarcia. Le sospensioni consistevano in quattro larghe ruote portanti gommate, sospese a coppie su molle a balestra, con la ruota motrice avanti e quella di rinvio a due rulli guidacingolo. Diversi vennero convertiti anche in Flammpanzer, rimpiazzando la mitragliatrice sullo scafo con un lanciafiamme, mentre il liquido infiammabile era iniettato da una pompa collegata a un serbatoio di 200 litri di capacità. Si ideò anche un prototipo (AP-1) per un carro galleggiante, che però non entrò mia in produzione. la realizzazione dei Panzer 38(t) continuò poi anche nelle varianti H, K, L e M, che furono usate come basi per diversi veicoli: il

Marder III (Ausf H e M), il Bison/Grille (Ausf H, K, M) e l'Hetzer. Furono inoltre convertiti anche esemplari dei primi modelli quando capitava che rientravano dal fronte per riparazioni o manutenzione.

Figura 101. Panzer 38(t) Ausf F

Modello	**Panzer 38(t) Ausf A**	**Panzer 38(t) Ausf E**
Costruttore	BMM	BMM
Numero di mezzi realizzati	150	275
Produzione	Maggio - Novembre 1939	Novembre 1940 – Novembre 1941
Peso	9,4 tonnellate	9,85 tonnellate
Equipaggio	4 uomini	4 uomini
Motore	Praga EPA / 6 cilindri / 125 hp	Praga EPA / 6 cilindri / 125 hp
Velocità	42 km/h su strada – 15 km/h fuori	42 km/h su strada – 15 km/h fuori
Autonomia	Strada: 230 km / Fuori strada: 160 km	Strada: 230 km / Fuori strada: 160 km
Capacità serbatoio	218 litri - gasolio	218 litri - gasolio
Dimensioni (lun/lar/alt)	4,6 / 2,12 / 2,37 metri	5,61 / 2,14 / 2,40 metri
Pendenza/Gradino/Trincea	30° / 80 cm /90 cm	30° / 80 cm /90 cm
Larghezza cingoli	29,3 cm	29,3 cm
Armamento	37 mm KwK 38(t) L/47,8 + 2 x MG 37(t)	37 mm KwK 38(t) L/47,8 + 2 x MG 37(t)
Munizioni	Cannone: 90/92 colpi Mitragliatrici: 2.550 colpi	Cannone: 90 colpi Mitragliatrici: 2.550 colpi
Radio	FuG37(t)	FuG 5
Protezione	8-25 mm	8-50 mm

Impiego bellico

Il Panzer 38(t) venne realizzato sotto la supervisione tedesca e prestò un intenso servizio in Polonia, nella fila della 3^ Leichte Division, in Norvegia nel XXXI° Armee Korps, in Francia nella 6^, 7^ e 8^ Panzer Division, nei Balcani nell'8^ Panzer Division e in Russia nella 6^, 7^, 8^, 12^, 19^ e 20^ Panzer Division. Durante la campagna di Russia, tuttavia, si manifestò in tutta la sua urgenza la necessità di una protezione maggiore e un armamento più pesante e così, nel 1942, il carro fu ritirato dalla prima linea.

37mm KwK 38(t) L/47,8 Penetrazione di una piastra corazzata inclinata a 30°					
Munizioni	100 metri	500 metri	1000 metri	1500 metri	2000 metri
Panzergranate 39	41 mm	35 mm	29 mm	24 mm	0
Panzergranate 40	64 mm	34 mm	0	0	0

Nella campagna di Polonia furono impiegati 59 dei 150 Ausf A (numero di telaio 0001-0150) nelle fila del 3° battaglione della 3^ Leichte Division, mentre 15 furono utilizzati anche in Norvegia. I 110 Ausf B prodotti nel 1939 (numero di telaio 0151-0260) vennero usati in Francia e in Grecia, così come i 110 Ausf C prodotti nel 1940 (numero di telaio 0261-0370) e i 105 Ausf D realizzati nel settembre dello stesso anno (0371-0475). Gli Ausf E prodotti furono 275 (0476-0750), dotati di una protezione aggiuntiva di 50 mm sulla parte frontale e 30 mm sui lati, nonché di generatori fumogeni per favorire il disimpegno dei carri in azione. Furono anche i primi a montare la radio tedesca FuG 5 al posto di quelle ceche. Gli Ausf F furono 250 (0751-1000), ma gli vennero tolti i generatori fumogeni. La variante prodotta in maggior quantità fu la Ausf G con 500 mezzi (1101-1600), di cui 321 nell'ottobre 1941 e il giugno successivo. L'Ausf S venne prodotto in soli 90 esemplari tra maggio e dicembre 1941 per la Svezia, ma senza cannone. Vennero poi dotati di un'apparecchiatura radiofonica aggiuntiva e designati come Panzerbefehlswagen 38(t); alcuni furono venduti anche alla Slovacchia, che li utilizzò nello scacchiere meridionale del fronte russo tra il 1941 e il 1942.

Conversioni e sperimentazioni

Nel settembre 1939 erano stati approntati dei progetti per la realizzazione di un carro veloce da ricognizione e così, all'inizio del 1942, la BMM (ex CKD) produsse 15 Panzer 38(t) nA (neuer Art) ma il progetto non venne accolto per la produzione. Nel 1942 ebbe inizio anche per questo carro l'usuale processo delle conversioni attraverso

Figura 102. Panzer 38(t) in Russia

l'adattamento di telai già pronti: si fecero così diversi Marder III e Flakpanzer 38(t). Nel 1942 e 1943 ad alcuni Panzer 38(t) venne rimossa la torretta per usarli come veicoli da addestramento dalla Werhmacht e dalla NSKK (conosciuti come *PzKpfw 38(t) Schulfahrwanne.* Infine, 351 torrette vennero usate per le fortificazioni in Norvegia, Danimarca, Francia, Italia ed Europa sud-orientale.

Aufklarungspanzer 38(t) mit 2cm KwK38

Una delle conversioni più interessanti fu l'Aufklarungspanzer 38(t) Sd.Kfz 141/1: venne usato come veicolo da ricognizione dotato di una torretta *Hangelafette*, armata con un cannone KwK 38 L/55 da 20 mm e una MG42 o con un KwK 37 L/24 da 75 mm e una mitragliatrice in un telaio modificato. Tra la fine del 1943 e l'inizio del 1944, 70 di essi vennero armati nel primo modo; solo due nel secondo.

Flakpanzer 38(t) Ausf L Gepard / Sd.Kfz. 140

Il 15 ottobre 1943 Hitler si pronunciò a favore della produzione del Gepard, sempre a partire dal Panzer 38(t) nelle varianti L e M. Il carro venne armato con un cannone antiaereo Flak 30 o 20 mm o con un Flak 38 L/112,5 da 20 mm (con 1.040 colpi). La BMM ne produsse 141, a fronte di un ordine di 150, dal novembre 1943 al febbraio dell'anno seguente. La produzione fu poi interrotta a causa della scarsa protezione e dell'armamento risultato poi insufficiente. I primi 87 Gepard raggiunsero le unità al fronte nel gennaio 1944 e vennero consegnati ai Flugabwehrzeug delle Panzer Division o delle Panzer Grenadier Division, soprattutto delle Waffen SS. L'1 dicembre 1944 ne rimanevano in servizio solo nove.

Modello	Flakpanzer 38(t) auf Selbstfahrlafette 38(t) Ausf M (SdKfz 140)
Quantità prodotta	140+1
Periodo di produzione	Novembre 1943 – Febbraio 1944
Equipaggio	4 uomini
Peso	9,8 tonnellate
Dimensioni (lun/lar/alt)	4,61 / 2,15 / 2,25 metri
Radio	FuG 5 o FuG 2
Armamento	2 cm FlaK38 L/112,5 (1.040 colpi)
Elevazione	-5° / +90°
Motore e potenza	Praga Ac / 140 hp
Autonomia e velocità	210 km / 42 km/h
Protezione	8-15 mm

Figura 103. Aufklarungspanzer 38(t)

Waffentrager e Panzer 38(d)

Il Waffentrager era costituito dal solo telaio del Panzer 38(t) al fine di poter trasportare diversi tipi di cannoni. Ne vennero completati solo due prototipi: la produzione sarebbe dovuta iniziare nel maggio 1945. Il motore venne spostato in avanti, vicino al guidatore, per sfruttare lo spazio ricavato per il trasporto di munizioni. Due i modelli ideati: uno per il trasporto di un cannone anticarro PaK L/71 da 88 mm o di un mortaio da 105 mm e l'altro invece era allungato per trasportare il cannone da 128 mm K81 o un altro pezzo di artiglieria pesante da campo. Altrimenti lo si sarebbe potuto usare anche come trattore d'artiglieria, veicolo da ricognizione o trasporto munizioni. I progettisti del Reich lavorarono anche su una versione migliorata del carro, designata come Panzer 38(d), ma vennero realizzati solo alcuni prototipi. Questo carro avrebbe avuto un telaio più largo e un motore Tatra diesel a 12 cilindri da 210 hp. Malgrado tutto, la migliore conversione realizzata a partire dal carro cecoslovacco fu quella del cacciacarri Jagdpanzer 38 Hetzer.

Artiglieria semovente

Dal febbraio all'aprile 1943, la BMM produsse 91 esemplari di *15cm Schweres Infanteriegeschuetz 33 (Sf) auf Panzerkampfwagen 38(t) Ausf H*, detti anche *Grille*. Questi carri furono inviati alle unità di artiglieria pesante delle Panzer Grenadier Division e alle Panzer Division.

Figura 103. Grille

Da aprile a giugno dello stesso anno, la BMM proseguì la produzione di questo carro in altri 282 esemplari, basati sulle varianti K e M. La produzione riprese da ottobre, per concludersi nel settembre 1944. La BMM produsse anche 102 carri per il rifornimento delle munizioni, basati sull'Ausf K e M: i mezzi non erano armati e avevano uno scompartimento ingrandito per il deposito delle munizioni, ma potevano anche essere facilmente convertiti in caso di necessità e inviati alle unità di Grille. Furono chiamati Munitionspanzer 38(t) (Sf) Ausf K/M (sd.Kfz. 138).

Jagdpanzer 38(t) "Hetzer"

Dalla conversione del Panzer 38(t) derivò poi uno dei migliori cacciacarri del secondo conflitto mondiale, che combatté nell'ultimo anno e mezzo del conflitto. Lo Jagdpanzer 38(t), conosciuto come *Hetzer*, si rivelò ottimale e letale nel ruolo che gli venne attribuito da quando, nel marzo 1943, Heinz Guderian - ispettore generale per le forze corazzate tedesche – richiese lo sviluppo di un nuovo cacciacarri leggero. Fu il primo a montare una struttura totalmente chiusa sul tetto, a differenza di tutti i Panzerjager realizzati partendo dai telai dei Panzer I, II e III, tra cui i Marder e i Wespe.

Figura 105. Hetzer in una fabbrica di Pilsen

La produzione iniziò negli stabilimenti Böhmisch-Mährische Maschinenfabrik (BMM), in Cecoslovacchia nel marzo 1944; nel luglio dello stesso anno gli si affiancarono anche le fabbriche Škoda. L'esercito decise di puntare sulla produzione di questo carro sacrificando quella degli Stug III che, essendo più pesanti, erano più lenti e costosi da costruire, tanto più per il fatto che le fabbriche nel territorio tedesche stavano subendo gravi danni per i bombardamenti alleati già nel corso del 1943. Questo mezzo aveva una sagoma più bassa dei precedenti, che lo rendeva un bersaglio meno visibile e facile da colpire. Durante i combattimenti era quindi più sicuro per l'equipaggio, per quanto quest'ultimo risentisse della minore vivibilità del mezzo, dal momento che lo spazio interno era limitato. All'affidabilità meccanica dei già collaudati Panzer 38(t), fu prevista una sovrastruttura con una piastra anteriore da 60 mm inclinata di 60°; le piastre laterali erano inclinate di circa 30°e spesse 20 mm. La parte posteriore era anche più inclinata, ma spessa soltanto 8 mm.

L'armamento principale era un cannone 7,5 cm PaK 39 L/48, installato in una struttura con scudo esterno spesso 60 mm, spostato verso la destra del mezzo di circa 40 cm. Il cannone era in grado di colpire e distruggere i carri nemici all'incirca entro un chilometro di raggio. Montava un motore Praga AC/2800 a benzina da 150 hp di potenza, che gli garantiva un'ampia autonomia (250 km) e una velocità massima di 39 km/h. L'arma secondaria era una mitragliatrice da 7,92 mm sistemata sul tettuccio e utilizzabile anche dall'interno del mezzo. L'Hetzer venne provato con vari armamenti, come l'obice da 149 mm, e ancora più interessante, sistemando le armi direttamente sulla piastra dello scafo, senza congegno di recupero, cosa che semplificò la produzione del veicolo e migliorò lo spazio interno. Dell'Hetzer vennero prodotte anche versioni speciali, come quella da recupero, senza cannone (Bergepanzer), e quella con lanciafiamme (Flammpanzer). Complessivamente furono prodotti 2.827 Jagdpanzer 38(t), di cui 181 Bergepanzer 38(t) e 20 Flammpanzer 38(t).

Riepilogo generale delle conversioni

Grille Ausf H/K/M – 15cm s.IG. (Sd.Kfz 138/1) – artiglieria semovente
Munitionspanzer 38(t) (Sf) Ausf K/M (sd.Kfz 138) – carro trasporto munizioni
Schutzenpanzerwagen 38(t) Ausf M – carro da trasporto
Marder III (sd.Kfz 139) – 76,2 mm PaK 36 (cannone russo) – cacciacarri
Marder III Ausf H/K/M (sd.Kfz 138) 75 mm Pak 40 – cacciacarri
Munitionsschlepper 38(t) – carro trasporto munizioni
Panzerjager 38(t) / Jagdpanzer 38(t) Hetzer – cacciacarri
Panzer 38(t) nA – carro veloce da ricognizione
Morsertrager 38(t) Ausf M – carro trasporto munizioni o artiglieria da campo (solo prototipo)
Flakpanzer 38(t) Gepard (asd.Kfz. 140) – carro antiereo
Bergepanzer 38(t) – mezzo leggero da recupero
Leichte Raupenschlepper Praga T-3 – trattore leggero e trasporto truppe
Schwerer Raupenschlepper Praga T-9 – trattore pesante e trasporto truppe
Aufklarungspanzer 38(t) (Sd.Kfz 140/1) – veicolo da ricognizione
Flammpanzwer 38(t) – carro lanciafiamme

Figura 104. Bergepanzer 38(t)

Osservazioni e commenti

Come nel caso del suo predecessore, il Panzer 35(t), anche questo carro fu importante per la Panzerwaffe per completare un parco mezzi che alle soglie dello scoppio della guerra era ancora in buona parte carente. La sua ideazione da parte cecoslovacca derivava dalla necessità di migliorare la versione precedente e continuare ad evolvere il proprio parco di veicoli corazzati. Per quanto riguarda l'aspetto tecnico, non ci sono enormi differenze con il suo predecessore, eccezion fatta per la protezione e la potenza del motore. La prima, come detto, fu portata a 50 mm, arrivando quindi a raddoppiarla. La seconda fu aumentata di 25 hp, fattore che aumentò la velocità del mezzo e, insieme alla lieve riduzione di peso, fece diminuire i consumi di carburante, accrescendone quindi l'autonomia. Questi miglioramenti furono senza dubbio significativi, così come la riduzione delle ruote dei cingoli. Un difetto che non si riuscì ad eliminare fu invece il sistema dell'imbullonatura delle piastre corazzate, micidiali in caso di colpi subiti dal mezzo, nonché un design ancora troppo "spigoloso", che non riduceva di certo i danni prodotti dai colpi nemici. Tuttavia, considerando il fatto che ci troviamo di fronte a quella generazione di carri di transizione tra i primi modelli derivanti dalle esperienze dirette della Prima guerra mondiale e quelli che deriveranno invece dalle esperienze della seconda, si trattò di un buon carro. Come al solito, ingegneri e progettisti del Reich seppero mettere ben a frutto i telai e i componenti in loro possesso per ottenere diversi tipi di mezzi, sempre in rispondenza al principio di avere mezzi idonei per ogni situazione particolare, così da affrontare ogni problema con il mezzo migliore per risolverlo.

Wespe

Nascita e sviluppo

Fin dal 1939 risultò evidente che i giorni del Panzer II erano contati, stante l'insufficienza dell'armamento e della corazzatura, ma poiché esso era già in produzione, ed era un mezzo affidabile, quando si presentò l'esigenza di artiglieria semovente, fu subito scelto il suo scafo come base su cui montare un cannone d'artiglieria. All'inizio del 1942 il Panzer II fu ritirato dalle divisioni corazzate sulla linea del fronte e riassegnato alla seconda linea, con diverse mansioni, dopo esser stato in servizio dal 1936. Quella fu l'occasione per usarne telaio e componenti per effettuare delle conversioni, come quella del cacciacarri Marder II e del Wespe. Il disegno di questo carro fu realizzato dalla Alkett durante i mesi di maggio e giugno 1942 e il suo design venne anche utilizzato per altri progetti o conversioni (che rimasero però solo su carta). Il Wespe consisteva un obice da campagna da 105 mm da installare su un telaio, più o meno modificato, del Panzer II Ausf F di cui montava pressoché gli stessi componenti. Ricevette la designazione *Sd. Kfz 124*, ma fu anche conosciuto come *10,5 cm le FH18/2 Fahrgestell auf Geschutzwagen II* o come *Leichte Feldhaubitze 18/2 auf Fahrgestell PzKpfw II.* Il Panzer II Ausf F era l'ultima versione di questo carro entrata in produzione su vasta scala e venne prodotta dalla FAMO di Breslau (Wroclaw), che realizzò 1.400 telai, di cui solo 524 vennero finiti di assemblare dal 1941 al 1943. La protezione venne però aumentata e si fecero anche altre modifiche, risultato delle esperienza maturate in guerra. Le prime versioni di questo carro erano basate sul classico telaio del Panzer II con il motore spostato leggermente più verso il centro, con una sospensione rinforzata per assorbire adeguatamente il rinculo del cannone. Le ultime versioni, invece, si basavano su di un telaio allungato di 22 cm e montavano il motore e il radiatore quasi al centro dello scafo. La sospensione venne infine rinforzata ancor più. L'allungamento del telaio fece sì che vi fosse più spazio tra l'ultima rotella da strada e l'ingranaggio di rinvio sopraelevato. I veicoli con questo telaio modificato vennero conosciuti come *Geschutzwagen II*. Anche la configurazione dello scomparto del pilota cambiò durante la produzione e ne nacquero due modelli distinti. Entrambe le versioni avevano comunque la stessa sospensione, composta da cinque rotelle da strada e tre di ritorno e gli stessi componenti meccanici. Ogni carro aveva i cingoli larghi 30 cm, composti da 108 pezzi ciascuno. Montavano un motore Maybach HL 62 TR a 6 cilindri, da 140 hp, con la trasmissione ZFA SSG 46 Aphon (6+1 marce). Il serbatoio del carburante era formato da due contenitori da 85 litri ciascuno, che gli consentiva un'autonomia massima di 220 km.

Figura 107. Profilo del Wespe

Pesava complessivamente 11 tonnellate e poteva raggiungere la velocità di 40 km/h. Era armato con un obice da campagna da 105 mm, cannone che costituiva il nerbo di tutti i reggimenti di artiglieria germanici durante il corso della guerra. Quest'arma venne introdotta già sul finire della Prima guerra mondiale, ma rimase poi in produzione e uso anche per tutto il corso della seconda. I Wespe erano armati con la variante più comune – e più prodotta – di questo cannone, introdotta nel 1935, ossia il 105 mm leFH 18 (*leichte Feldhaubitze*, ossia obice da campagna leggero - la maggior parte degli esemplari però era provvista di freno di bocca in confronto a quelli dell'artiglieria) prodotto dalla Rheinmetall-Borsig. Era montato nella parte centrale del telaio, dietro una sovrastruttura aperta nella parte superiore e rinforzata anteriormente da uno scudo corazzato. Malgrado la piastra aggiuntiva nella parte anteriore di quest'ultima di 10 mm, la protezione dell'equipaggio non era comunque elevata. Ogni carro poteva trasportare fino a 32 colpi. All'interno della sovrastruttura vi era anche installata la radio: una FuG Spr f – USW per trasmettere e ricevere. Lo spazio era tuttavia limitato: il cannone poteva avere una traversa di 17° a sinistra e destra ed essere elevato da un minimo di -5° a un massimo di 42°. Questo cannone poteva sparare colpi ad alta carica esplosiva, colpi perforanti o anche colpi adattati e aveva un raggio di 10.675 metri. Questa sua ottima qualità fece sì che questo mezzo incarnasse le migliori qualità dell'artiglieria insieme alle doti di mobilità e velocità tipiche dei carri. Il sistema di puntamento installato era un Rblf 36. All'interno dello scompartimento di lotta venne anche caricata una MG34 da 7,92 mm e anche un fucile mitragliatore MP 38 o MP 40 per la difesa ravvicinata. L'equipaggio era composto da cinque uomini: pilota, comandante e tre addetti al cannone; tuttavia costoro avevano anche ricevuto un addestramento adatto a saper gestire anche le comunicazioni radiofoniche o la guida, in caso di necessità. Il pilota aveva un suo proprio scompartimento nella parte anteriore del carro, sulla sinistra del cannone. Questo scompartimento era interamente coperto e aveva anche un ingresso separato da quello del resto dell'equipaggio. Gli altri quattro componenti prendevano invece posto nel compartimento di lotta.

Produzione e realizzazione

Il Wespe venne disegnato dalla Alkett e prodotto dalla FAMO (Fahrzeug-und-Motorenbau GmbH) a Wroclaw e dalla Vereinigte Maschinenwerke / Famo Warschau, a Varsavia. All'inizio si ordinò la produzione di mille veicoli, ma alla fine del 1943 si ridusse il numero a 835, veicoli porta munizioni compresi. Dal febbraio 1943 all'agosto 1944 si produssero effettivamente 676 Wespe e 159 porta munizioni (numero di telaio 31001-32190).

L'idea che stava alla base della sua progettazione era quella di fornire un adeguato supporto di artiglieria a tutte le formazioni mobili; per cui questo carro non avrebbe dovuto agire in prima linea né ingaggiare combattimenti con veicoli nemici. Gli osservatori avanzati si servivano normalmente di veicoli blindati leggeri e alcune batterie utilizzavano allo scopo carri ex cecoslovacchi o carri francesi di preda bellica per comunicare le direttrici di fuoco alle batterie e gli ordini erano inviati per radio dagli osservatori al centro tiro della batteria e da questo alle postazioni dei pezzi tramite collegamenti a filo. La realizzazione di questo carro è stato uno dei primi tentativi di avere a disposizione una potenza di fuoco mobile, capace di seguire e investire tutte le posizioni raggiunte dalla fanteria o dalle divisioni corazzate. I Wespe furono distribuiti alle batterie d'artiglieria (*Panzerartillerie*) delle divisioni corazzate nella primavera del 1943. Ogni batteria aveva sei carri e due Wespe porta munizioni; cinque di queste componevano un battaglione (*Abteilung*).

Impiego bellico

La prima azione importante a cui il carro prese parte fu a Kursk nel luglio del 1943 (operazione *Zitadell*) dove se ne testò l'efficacia in combattimento. Non venne mai ritirato dal fronte, al punto che ancora nel marzo 1945 ce ne erano 307 in servizio: divenne infatti da subito molto popolare e acquistò presto fama di affidabilità e

Figura 108. Wespe in Russia

mobilità. Venne assegnato sia alle divisioni della Wehrmacht (1^, 2^, 3^, 4^, 5^, 6^, 7^, 8^, 9^, 11^, 12^, 13^, 14^, 16^, 17^, 19^, 20^, 23^, 24^, 25^, 26^, 116^, "Feldhernnhalle", "Tatra", "Grossdeutschland") che a quelle delle Waffen-SS (1^ SS "Leibstandarte Adolf Hitler", la prima a riceverlo, 2^ SS "Das Reich", 3^ SS "Totenkopf", 5^ SS "Wiking", 9^ SS "Hohenstaufen", 10^ SS "Fruendsberg", 12^ SS "Hitlerjugend", 7^ Freiwilligen Gebirgs Division "Prinz Eugen", Fallschirmjaeger-Panzer Division "Hermann Goering", Panzer Grenadier Division "Brandenburg", Fuhrer Grenadier Division e la Panzer Brigade "West").

Figura 109. Wespe con equipaggio in Russia

Oggi possiamo vedere uno di questi carri nel Blindes Musee di Saumur e nel Memorial Museum di Bayeux, in Francia; nel BWB Wehrtechnische Studensammiung di Coblenza in Germania e presso il NIIBT di Kubinka.

Munitionsschlepper Wespe

La fabbricazione del Wespe cessò nell'agosto 1944 e 159 scafi, rimasti senza obici, furono trasformati, chiudendo il vano per l'obice nella piastra corazzata anteriore e utilizzando lo spazio retrostante per il trasporto dei proiettili, in veicoli portamunizioni per le batterie in linea: venne così prodotto un carro, senza armi offensive, conosciuto come *Munition Sf auf Fgst PzKpfw II* per rifornire le batterie di Wespe di munizioni, evitando così di gravare eccessivamente sui trasporti via terra (più utili per le truppe) e consentendo di avere a disposizione un numero ben maggiore di munizioni. Se ne produssero 159, con la possibilità anche di poter montare il cannone (cosa che infine non avvenne mai), con una capacità di trasporto di 90 colpi. L'equipaggio era composto solo dal pilota e due addetti alle munizioni.

Peso	11 tonnellate
Periodo di produzione	Febbraio 1943 - Agosto 1944
Equipaggio	5 uomini
Motore	Maybach HL 62 TRM / 6 cilindri a V / 140hp (2600 rpm)
Velocità	Strada: 40km/h - Fuori Strada: 20km/h
Capacità serbatoio	170 litri
Autonomia	220 km su strada; 140 km fuori strada
Consumo	121 litri ogni 100 km
Dimensioni	4,81 / 2,28 / 2,3 metri
Larghezza cingoli	28 cm (106 pezzi a cingolo)
Armamento	105 mm leFH 18/2 L/26 (inizio) & 7.92mm MG34 105 mm leFH 18/2 L/28 (fine) & 7.92mm MG34
Munizioni	105 mm - 32 colpi
Radio	FuG Spr f
Traversa	17° a sinistra e a destra, manuale
Gradino / guado / pendenza	0,56 - 0,8 metri /30°
Protezione	da 5 a 30 mm

Osservazioni e commenti

Il Wespe ebbe tanto successo nel compito di sostegno ravvicinato che Hitler in persona ordinò che tutta la produzione di scafi per il Panzer II venisse destinata alla costruzione del Wespe; le molte altre armi improvvisate sul telaio del Panzer II vennero quindi messe fuori servizio o dirottate su altri telai. La sua mobilità, unita alla discreta autonomia, e la buona potenza di fuoco che questo mezzo poteva offrire, fecero sì che questo carro entrasse a buon diritto nel novero dei mezzi protagonisti della seconda guerra mondiale; l'alto numero di veicoli prodotti, favorito anche dallo scarso costo di ogni mezzo, conforta questa osservazione. Rispetto a tutti i veicoli corazzati finora affrontati, possiamo affermare con sicurezza che questo sia quello uscito meglio: ma tale ottima riuscita non sarebbe stata possibile se non vi fosse stato un ottimo addestramento degli equipaggi e una estrema chiarezza delle situazioni in cui il mezzo avrebbe dovuto operare. Torniamo dunque a parlare sempre della mentalità alla base della creazione e dell'utilizzo di un mezzo, oltre che della reale comprensione dei suoi punti deboli. In questo campo i tedeschi ebbero davvero da insegnare molto: non è solo il mezzo, anche se ottimo, a garantirne il successo bensì come lo si usa. Di sicuro diverse situazioni belliche avrebbero preso una piega diversa se l'esercito tedesco avesse potuto disporre di questo mezzo prima del 1943; il fatto che un mezzo così leggero – quindi in controtendenza con la consuetudine degli ultimi anni di guerra, caratterizzati da mezzi sempre più pesantemente corazzati, a fronte dell'aumentata potenza delle artiglierie controcarro – abbia potuto operare fino agli ultimi mesi di guerra, riscuotendo ottimi successi, testimonia ancor più la sua efficacia e ne aumenta insieme il rammarico per una soluzione che si sarebbe potuto adottare in precedenza. Infine, una curiosità: il mezzo venne sempre denominato Wespe, ma il 27 febbraio 1944 Hitler in persona ordinò che questa denominazione fosse abbandonata, ma non se ne conosce il motivo.

La serie dei Marder

La serie dei carri Marder rappresenta un'altra delle conversioni a cui furono sottoposti carri tedeschi già esistenti o di cui era stata già avviata la produzione e un'altra delle soluzioni provvisorie adottate dall'esercito germanico, in uno dei momenti in cui la guerra iniziava ad andar male. La Waffenamt iniziò lo sviluppo della serie dei Marder verso la fine del 1941 per aumentare la mobilità delle armi anticarro, evitando così l'utilizzo e il rifornimento di carburante per altri mezzi da traino (inutili in combattimento), montandole su una svariata gamma di telai disponibili. I tedeschi iniziarono a necessitare di questi veicoli già dall'estate del 1941, dopo la comparsa sulla scena del Soviet T-34/76 e dei carri medi e pesanti russi. Si iniziò così a lavorare su dei carri che colmassero queste lacune utilizzando vari telai obsoleti o quelli catturati ai francesi. Si decise di armarli con cannoni Pak 40 da 75mm della Rheinmetall-Borsig o con cannoni russi modello F 22 del 1936 da 76,2mm, catturati sul fronte orientale in gran numero nelle prime settimane dell'Operazione Barbarossa. Questi cannoni russi sono stati modificati e convertiti per l'uso dei colpi del Pak 40.

Tuttavia questi veicoli, per quanto potenti (il cannone Pak 40 da 75mm poteva penetrare una corazza di 116 mm), avevano bisogno di posizionarsi frontalmente all'obiettivo: da questo fatto derivava una scarsa precisione e continuità nel fuoco. Questi carri nacquero modificando telai e componenti già esistenti, tuttavia tra l'aprile 1942 e il maggio 1944 ne furono prodotti 2.812. I Marder, a causa dell'altezza complessiva del carro, non assicuravano una sufficiente protezione all'equipaggio, in quanto la corazza superiore non era molto spessa e in alcuni punti era assente. Nonostante questi svantaggi, molte divisioni di fanteria e Panzergranadier sono state fornite di questi mezzi o supportate da essi; vennero distribuiti anche ad alcune divisioni Panzer. I Marder vennero poi sostituiti da più potenti Panzerjager; molti rimasero però in servizio fino alla conclusione della guerra.

Marder I

Il Marder I uscì montato su diversi telai catturati ai francesi: il trattore 37L, l'Hotchkiss H39 ma anche H35 o l'FCM 36. Queste varianti presentavano fra loro qualche modifica, su cui non vale la pena dilungarci; si tratta comunque di telai francesi modificati o convertiti. Basti considerare che il Marder I aveva generalmente queste caratteristiche: peso 8,5 tonnellate; equipaggio di 4 o 5 uomini; velocità massima compresa fra i 34 e 38 km/h; motore DelaHaye 103 TT da 6 cilindri e 70 hp di potenza. Aveva un'autonomia su strada di circa 150 km (solo 90 fuori strada), serbatoio da 111 litri; era lungo 5,38 metri, largo 1,88 e alto 2; aveva una corazza tra i 5 e i 12 mm ed era armato con un cannone Pak 40 da 75mm e una mitragliatrice da 7,92 mm per i quali era in grado di trasportare 40 colpi per il cannone e 600 per la mitragliatrice.

Figura 110. Marder I sul fronte occidentale nel 1943

Marder II

Il Marder II derivava, invece, dal modello del Panzer II Ausf A/B/C/D/E/F (malgrado la sua anzianità: era infatti in servizio dal 1935 ed era ormai obsoleto data la scarsa protezione e il cannone da 20mm, innocuo contro qualsiasi veicolo blindato, ma forzatamente operativo a causa della scarsità di altri veicoli da impiegare) o dal Flammpanzer II e spesso montava il cannone russo da 76,2mm riconvertito. Dati i molti telai presenti si optò proprio per la conversione di questo carro in cacciacarri. Il suo sviluppo partì dal dicembre 1941 e la Alkett ne convertì 201 tra l'aprile 1942 e giugno 1943. Il prototipo del nuovo mezzo aveva un cannone anticarro da 50 mm, ma la versione della prima serie montò il Pak 40/2, molto potente, collocato dietro uno scudo corazzato di 10 mm, inclinato all'indietro per una sufficiente protezione dell'equipaggio. Lo squilibrio del peso che ne derivava fu colmato dallo spostamento del motore nella parte posteriore. Il carro fu designato con il nome di Marder II, benché nei documenti ufficiali si usava definirlo *Pak 40/2 7,5 cm auf Slf III* (Pak sta per cannone anticarro, auf sta per "su", Slf sta per affusto semovente).

Figura 111. Marder II

Il Marder II rimase in produzione fino al 1944 e se ne produssero (contando anche quelli convertiti) 1.217 esemplari. Si trattò sicuramente di un buon carro, malgrado i limiti elencati in precedenza, manovrabile e con un cannone capace di neutralizzare anche i carri pesanti sovietici. Lo spazio per i colpi del cannone e della mitragliatrice (una MG34 o MG42) venne ricavato sopra il cofano del motore. La destinazione della maggior parte di questi carri fu il fronte orientale, alcuni dei quali vennero anche dotati di proiettori all'infrarosso per il combattimento notturno.

Peso	11,5 tonnellate
Equipaggio	4 uomini
Motore	Maybach HL 62 TRM / 6 cilindri / 140hp
Velocità	55 km/h
Autonomia	Strada: 220km / Fuori strada: 140km
Capienza serbatoio	200 litri
Dimensioni (lun/lar/alt)	5,65/ 2,30 / 2,60 metri
Armamento	76.2mm Pak 36(r) L/51 1 x 7.92mm MG34
Munizionamento	7.62mm - 30 colpi 7.92mm - 900 colpi
Protezione	5-30mm

Figura 112. Marder II in Russia

Marder III

Il Marder III, invece, era basato sul modello del Panzer 38(t); era dunque il migliore dei tre. Ne uscirono due varianti: l'Ausf H e l'Ausf M. Il carro, malgrado fosse basato sul modello della Skoda subì diverse modifiche da parte degli ingegneri tedeschi e nel 1941 restava ben poco del modello di partenza, sebbene fosse assemblato sempre a Pilsen. La torretta originaria era troppo piccola per potervi installare armi di potenza adeguata a mettere fuori uso i carri comparsi già nel 1941, tuttavia lo scafo rimase in produzione e venne utilizzato per altri esperimenti e conversioni. Solo la comparsa del T-34 sovietico farà sì che, per riuscire a neutralizzarlo con qualunque mezzo, si decidesse di utilizzare questo scafo installandovi un cannone modello 1936 da 76,2 mm, catturato ai russi (ottimo sia per l'uso della campagna, sia come anticarro). Il cannone venne così montato su di uno scudo fisso e i vari scafi vennero adattati in Germania e agli inizi del 1942 il Marder III fece la sua comparsa in battaglia (denominato anche *Panzerjager 38(t) fur Pak 36(r) 7,62cm*). Il carro venne impiegato in Nord Africa e in Russia e se ne produssero 344. Venne sempre considerato un'arma di ripiego e, alla fine del 1942, si installarono cannoni Pak 40 tedeschi al posto di quelli russi.

Figura 113. Marder III

L'utilizzo di questo nuovo cannone provocava un leggero cambiamento nello scudo e la nuova designazione fu *Panzerjager 38(t) Ausf H fur Pak 40/3 7,5cm*. I primi Marder III con cannone tedesco furono inviati precipitosamente in Tunisia nel maggio 1943. Altri modelli di carri utilizzarono via via lo scafo del Panzer 38(t) ma i veicoli accusavano il maggior peso della parte anteriore, che ne limitava la mobilità. I tecnici tedeschi spostarono così il motore in avanti e la piattaforma di lavoro indietro, sperando di ottenere così un mezzo più equilibrato. Tuttavia l'entrata in produzione del *Panzerjager 38 (t) Ausf M fur Pak 40/3 7,5cm*, con alcune migliorie derivate proprio da questi accorgimenti e dalle esperienze maturate, ne bloccò la produzione. Gli ultimi Marder III vennero prodotti dalla BMM di Praga fino al maggio 1944: complessivamente ne erano stati prodotti 799. La differenza principale fra le due varianti sta nel fatto che l'Ausf H non ha le ruote esterne, indispensabili per i percorsi sterrati o fangosi.

Figura 114. Marder III

Modello	Ausf H	Ausf M
Peso	10,8 tonnellate	10,5 tonnellate
Equipaggio	4 uomini	4 uomini
Motore	Praga EPA/2 / 6 cilindri / 140hp	Praga AC / 6 cilindri140hp
Velocità	Strada: 35km/h	Strada: 42km/h Fuori strada: 24km/h
Autonomia	Strada: 240km	Strada: 185km Fuori strada: 140km
Capacità serbatoio	218 litri	218 litri
Dimensioni	5,77 / 2,16 / 2,51	4,95 / 2,15 / 2,48
Armamento	75mm Pak 40/3 L/46 1 x 7.92mm MG37(t)	75mm Pak 40/3 L/46 1 x 7.92mm MG34
Munizionamento	75mm - 38 colpi 7.92mm – 1.200 colpi	75mm - 27 colpi 7.92mm – 1.200 colpi
Corazza	8-50mm	8-20mm

Battaglie e campagne principali che hanno visto protagonisti i carri armati nella Seconda guerra mondiale

Località e nome in codice	Data	Contendenti	Numero approssimativo di carri coinvolti
Polonia *Fall Weiss*	1 settembre – 6 ottobre 1939	Germania e Polonia	3.195 carri tedeschi 574 carri polacchi 190 carri leggeri polacchi
Danimarca e Norvegia *Weserubung*	9 aprile - 25 giugno 1940	Germania e Danimarca, Norvegia, Francia, Polonia, Gran Bretagna	60 carri tedeschi
Benelux, Francia, Gran Bretagna e Polonia *Fall Gelb*	10 maggio – 25 giugno 1940	Germania e Benelux, Francia, Polonia, Gran Bretagna	3.379 carri tedeschi 3.063 carri francesi 310 carri inglesi 325 carri belgi e olandesi
Balcani *Operazione Marita*	6 aprile – maggio 1941	Italia, Germania e Jugoslavia, Grecia e Gran Bretagna	843 carri tedeschi 157 carri italiani 200 carri alleati
Cirenaica	Aprile – maggio 1941	Asse e Gran Bretagna	50-130 carri dell'Asse 120 carri inglesi
Cirenaica *Operazione Battleaxe*	Giugno 1941	Gran Bretagna e Asse	200 carri inglesi 170 carri dell'Asse
Russia *Operazione Barbarossa*	22 giugno – 5 dicembre 1941	Germania e Russia	3.500 carri tedeschi 20.000 carri russi
Cirenaica *Operazione Crusader*	18 novembre - dicembre 1941	Gran Bretagna e Asse	756 carri inglesi 249 carri tedeschi 150 carri italiani
Russia *Controffensiva invernale*	Dicembre 1941 - Febbraio 1942	Russia e Germania	2.000 carri russi 1.450 carri tedeschi
Cirenaica *Controffensiva germanica*	21 Gennaio 1942	Asse e Gran Bretagna	84 carri tedeschi 89 carri italiani 150 carri inglesi
Russia *Baravenko*	28 gennaio – 17 maggio 1942	Russia e Germania	5.000 carri russi 3.000 carri tedeschi
Cirenaica/Egitto *Operazione Theseus*	Maggio - giugno 1942	Asse e Gran Bretagna	332 carri tedeschi 228 carri italiani 849 carri inglesi
Russia *Caucaso/Stalingrado*	Giugno - Novembre 1942	Germania e Russia	3.000 carri tedeschi 1.250 carri russi
Egitto *1^ battaglia di El Alamein*	Luglio - agosto 1942	Gran Bretagna e Asse	150 carri inglesi 55 carri tedeschi 30 carri italiani
Egitto *Alam Halfa*	Agosto - Settembre 1942	Asse e Gran Bretagna	200 carri tedeschi 240 carri italiani 935 carri inglesi
Egitto *2^ battaglia di El Alamein*	23 ottobre – 4 novembre 1942	Asse e Gran Bretagna	1.441 carri inglesi 210 carri trdeschi 280 carri italiani

Russia *Stalingrado*	12 dicembre 1942 – 31 gennaio 1943	Russia e Germania	894 carri russi 675 carri tedeschi
Russia *Kharkov*	16 febbraio – 15 marzo 1943	Germania e Russia	350 carri tedeschi 250 carri russi
Africa Settentrionale *Battaglia della Tunisia*	Novembre - dicembre 1942	Gran Bretagna, Usa, Francia eAsse	80 carri inglesi e americani 40 carri tedeschi
Africa Settentrionale *Kasserine*	Febbraio 1943	Asse e Alleati	150 carri tedeschi 20 carri italiani 350 carri americani 100 carri inglesi
Africa Settentrionale *Offensiva finale*	20 marzo – 13 maggio1943	Alleati e Asse	2.200 carri alleati 130 carri dell'Asse
Russia *Operazione "Zitadel"*	5 luglio - Settembre 1943	Germania e Russia	2.700 carri tedeschi 3.306 carri russi
Sicilia	10 luglio – 17 agosto 1943	Alleati e Asse	600 carri alleati 200 carri dell'Asse
Italia *Offensiva su Cassino*	Settembre - Novembre 1943	Alleati e Germania	800 carri alleati 250 carri tedeschi
Russia *Battaglia del Dniepr*	Agosto - dicembre 1943	Russia e Germania	2.400 carri russi 2.100 carri tedeschi
Russia *Smolensk*	Agosto - ottobre 1943	Russia e Germania	1.400 carri russi 500 carri tedeschi
Russia *Ucraina*	Dicembre 1943 - gennaio 1944	Russia e Germania	2.000 carri russi 2.200 carri tedeschi
Italia *Roma*	Maggio - Luglio 1944	Alleati e Germany	1.400 carri alleati 250 carri tedeschi
Europa Occidentale *D-Day*	6 giugno 1944	Alleati e Germania	5.300 carri alleati 1.500 carri tedeschi
Europa Occidentale *Operazione Goodwood*	Luglio 1944	Gran Bretagna e Germania	1.350 carri inglesi 300 carri tedeschi
Europa Occidentale *Operazione Cobra*	Luglio 1944	Usa e Germania	1.500 carri americani 110 carri tedeschi
Europa Orientale *Invasione della Polonia*	17 luglio - agosto 1944	Russia e Germania	6.000 carri russi 1.800 carri tedeschi
Europa Meridionale *Invasione della Francia*	Agosto - settembre 1944	Alleati e Germania	700 carri alleati 100 carri tedeschi
Europa Meridionale *Linea Gotica*	Agosto – Settembre 1944	Alleati e Germania	1.200 carri alleati 200 carri tedeschi
Europa Occidentale *Offensiva delle Ardenne*	16 dicembre 1944 –gennaio 28, 1945	Alleati e Germania	970 carri tedeschi 800-2.000 carri alleati
Europa Orientale *Lungo l'Oder*	Gennaio 1945	Russia e Germania	4.100 carri russi 1.150 carri tedeschi
Europa Occidentale *Lungo il Reno*	1 febbraio – 7 marzo 1945	Alleati e Germania	5.000 carri alleati 500 carri tedeschi

Consistenza effettiva delle unità nel 1939/40

Nome	**Carri (inclusi i carri comando)**	**Fanteria**
Schutzengruppe	---	11
Schutzenzug	4-5	50
Schutzenkompanie	14-22	201
Battaglione / Abteilung	59-90	860
Reggimento	90-190	3.049
Divisione	90-300+	15.200

Sistema di numerazione nelle divisioni corazzate

Reggimento							
R 01		R 02		R 03		R 04	
1° Battaglione				**2° Battaglione**			
I 01	I 02	I 03	I 04	I 05	I 06	I 07	I 08
1^ Compagnia	**2^ Compagnia**	**3^ Compagnia**	**4^ Compagnia**	**5^ Compagnia**	**6^ Compagnia**	**7^ Compagnia**	**8^ Compagnia**
101	201	301	401	501	601	701	801
102	202	302	402	502	602	702	802
Compagnia				**1^**	**2^**	**3^**	**4^**
1° Plotone				111-115	211-215	311-315	411-415
2° Plotone				121-125	221-225	321-325	421-425
3° Plotone				131-135	231-235	331-335	431-435
4° Plotone				141-145	241-245	341-345	441-445
Compagnia				**5^**	**6^**	**7^**	**8^**
1° Plotone				511-515	611-615	711-715	811-815
2° Plotone				521-525	621-625	721-725	821-825
3° Plotone				531-535	631-635	731-735	831-835
4° Plotone				541-545	641-645	741-745	841-845

BIBLIOGRAFIA

- *I carri armati di Hitler. I Panzer tedeschi della Seconda guerra mondiale* – Chris McNab, LEG Edizioni
- *Carri armati. Storia illustrata dei mezzi corazzati* – Robin Cross, David Willey, Giunti Editore
- *Panzer General. Memorie di un soldato* – Heinz W. Guderian, Italia Storica
- *Achtung Panzer!* – Heinz W. Guderian, Orion Publishing Group
- *The History of the Panzerwaffe* – Thomas Anderson, Osprey Publishing
- *Panzer III* – Thomas Anderson, Osprey Publishing
- *Panzer: the illustrated history of German armour in WWII* – Niall Barr, Amber Books
- *Panzers Roll!* – Bennett David, Indipendently Published
- *Panzer 35(t) / 38(t)* – Walter J. Spielberger, Hilary Louis Doyle, Motorbuch Verlag
- *Standard Catalog of German miltary vehicles* – David Doyle, Krause Pubns
- *Encyclopaedia Of German Tanks Of World War Two* – Peter Chamberlain, Hilary Doyle, W&N
- *Panzer II* – Luca Stefano Cristini – Soldiershop Bergamo 2022
- *Panzer III* – Luca Stefano Cristini – Soldiershop Bergamo 2022
- Peter Chamberlain, Hilary Doyle e Thomas L. Jentz, *Encyclopedia of German Tanks of World War Two Revised edition*, Londra, Arms & Armour Press, 1993, ISBN 1-85409-214-6.
- George Forty, *World War Two Tanks*, Osprey, 1995, ISBN 978-1-85532-532-6.
- Philip Greenwood, *Achtung Panzer, No.2, Panzerkampfwagen III*, Dai Nippon Kaiga, 1991
- Heinz Guderian, *Panzer General - Memorie di un soldato*, Milano, 2008, ISBN 88-89660-06-6.
- Thomas L. Jentz, Hilary Doyle e Peter Sarson, *Flammpanzer - German Flamethrowers 1941-1945*, Osprey Publishing, 1995, ISBN 1-85532-547-0.
- Robert Michulec, *Armor battles on the Eastern Front (1)*, HongKong, Concord pub.company,
- Bruce Calver, *PzKpfw III in action*, Hong Kong, Squadron/signal pubblications, 1988.
- Dennis Oliver, *Panzer German army light tank*, Pen&Sword, Great Britain 2019.
- George Parada, *Panzer IIIAusf L/M*, Photosniper Kagero Polonia 1990.
- Fulvio Miglia, *Le armi del Terzo Reich, il Panzerkampfwagen III*, Roma, Bizzarri, 1974.

Sitografia

- Achtungpanzer.com
- Tanks-encyclopedia.com
- Worldwarphotos.info

ULTIMI TITOLI PUBBLICATI - LAST ALREADY PUBLISHING

CRI STI NI
ED ITO RE
SOLDIERSHOP
PUBLISHING
STORIA

www.ingramcontent.com/pod-product-compliance
Lightning Source LLC
LaVergne TN
LVHW080454160826
845677LV00006B/1356

* 9 7 8 8 8 9 3 2 7 9 5 1 2 *